●「心のクセが人生をつくる」もくじ●

プロローグ
――「欲」の波に負けて漂流するか、島を目指して泳ぎ抜くか

第1章　心のメカニズム編

――「心」の無免許運転は人生高速道路の事故につながる

第2章　カルマ編
——「引き寄せ」も「ドミノ倒し」もカルマのはたらき

第3章　生まれ変わり編

――現在の人生を計画したのは自分自身。では責任はどこ？

第4章 試練編
――苦しみは善くないカルマを掃き出すほうき

第5章　運命好転編
——天災と幸運は忘れたころにやってくる

プロローグ

——「欲」の波に負けて漂流するか、島を目指して泳ぎ抜くか

人は何のために生きているのか?

「何のために生きているのですか?」と人生の目的について聞かれたら、あなたはなんと答えますか?

もしかしたら「そんなこと考えたこともない」という人が結構多いかも知れません。

あるいは「幸せになるため」「楽しむため」「好きなことをするため」と答える人もいるでしょう。そういう人は、人生をエンジョイするため、楽しいことを体験するために生きているということになります。

しかしながら、人生を楽しもうと思っても、楽しくない出来事が降りかかってくるのは避けられません。病気や不慮の事故、あるいは人間関係のこじれなど、心を痛める出来事は誰にでも起こります。

また、今日ではお金の問題が人生の苦楽を左右するカギを握るようになっています。生活の基盤となるお金の問題で苦境に陥ると、人生はつらいものになってしまうからです。希望する仕事や就職先が見つからなかったり、せっかく就職した会社が倒産して働く場を失ったため生活の基盤が不安定になり、人生を楽しもうと思ってもそれどころではないという人もいるでしょう。今日では、いじめや虐待、セクハラなどの問題も人生に暗い影を落としています。

ですから、「人生の目的は何ですか?」と聞かれても、逆に「私の人生の目的を教えてください!」と叫びたい気分かも知れません。今をがむしゃらに生きている人にとっては、人生の目的について考える余裕はないと思われるからです。

それでも、本人が自覚しているかどうかは別にして、人生にはかならず目的があるのです。そして、その目的を自覚して生きるか、あるいは無自覚のまま日々を送るかによって、人生の終着点を迎えた時の気持ちがまったく違ってくると考えておく必要があります。つまり、死の床についた時に、満足と納得の気持ちで安らかにあの世へと旅立つことができるか、後悔と挫折感から恨めしい気持ちで死出の旅路につくかが決まるのです。

本書では、あなたが人生の目的を確認するための考え方と処方箋を提案していきます。

自分の行動の目的を問い直してみる

人生の大きな目的とは別に、私たちの日々の行動にもかならず目的があります。「目的」という言葉を「動機」「意図」「理由」と置き換えてみるとわかりやすいでしょう。「なぜそれをするのか」という、行為の裏にある心のはたらき全般をさします。

たとえば日常生活のなかで私たちは、駅などではエスカレーターを利用します。すぐ横に階段があって空いていても、エスカレーターに行列ができているのをよく見かけます。

この場合、多くの人が階段よりもエスカレーターを選ぶのはなぜでしょうか。もしあなたも階段派でなくエスカレーター派でしたら、「私はなぜ階段よりもエスカレーターを選ぶのだろうか？」と自問してみてください。

「みんなが利用しているから」という理由で、何も考えずにエスカレーターを利用している人も多いでしょう。

多くの場合は「速く上れるから」そして何よりも「楽だから」「疲れないから」というのがエスカレーターを利用する「動機」だったはずです。しかし、今ではそれが習慣（個人の習慣、社会の習慣）になってしまったため、「動機」を意識することなく惰性のように、階段を避けてエスカレーターを利用する人が多くなっているのです。

このように「みんながやっていることだから」と、一つひとつの自分の行為、行動について、目的や意味を考えることなく人は行動しています。それでも、無意識に行なっている行為や行動の裏にはかならず「意図」や「動機」があり、それが私たちの人生に大きな影響を及ぼしているのです。

欲望のままに生きるか、目的に沿った生き方をするか

私たちに行動を促す「動機」のもとにあるのは「目的」ですが、「欲望」も行動を促す原動力となります。軽い欲望は「願望」と同じ意味ですが、「願望」の場合は実現しようという意思が弱いので、ここでは「欲望」と表現します。「望」を外して「欲」としても同じ意味です。

人の持つ「欲」はいろいろあります。一番基本的な「欲」は生存欲ということになるでしょう。「生きたい」という欲がなくなると、その他のあらゆる「欲」も消えてしまって自分で命を絶つことにもなります。

そういう意味で、「欲」があるということは大切なことなのです。

生存欲を満たす重要な「欲」の一つは「食欲」でしょう。食べないと生きていけません。

それ以外にも人の「欲」はいろいろありますが、「食欲」と並んで人の普遍的な欲望とされる「性欲」は、男女間のもつれや三角関係、あるいは同性間の愛情の問題などいろいろと人生に大きな影響を及ぼしています。過剰な性欲の抑制ができない場合は犯罪に結びつくこともあります。

このように、人の行動の「動機」のもとは「目的」と「欲望」の二つがあることを覚えておいてください。

そして、この二つのどちらを重視した生き方をするかによって、人生の中身は変わってきます。「欲望」のままに生きている人は、人生の目的を意識することはないでしょう。

逆に、人生の目的を自覚して生きる人は、欲望に流された生き方をすることはないはずです。

食べるために生きているのか、生きるために食べるのか

もっと身近な例で考えてみましょう。

食欲のあるなしに関係なく、私たちは毎日食事をします。ほとんどの人が一日二食か三食、最低でも一食は、ご飯かパン、フルーツなどを食べているはずです。

では、毎日私たちが食事をする目的は何でしょうか。

「食べないと体が衰弱して死んでしまうから」という理由であれば「生きるために食べている」ということになります。動物の場合はまさに生きるために食べています。人間も最終的には生きるために食べているのは間違いありません。

私たちが食べるのは「生きるため」だとしておきましょう。

では、「生きる」目的は何でしょうか？　生きる必要があるから食べているのであれば、食べるよりも上位の目的、すなわち「生きる目的」があるはずです。

「何のために生きるのか？（生きる目的）」「なぜ生きる必要があるのか（生きる理由）」について考えてみてください。

人によっては「美味しいものを食べるのも、生きる目的の一つだ」と答えるかも知れません。つまり「食べるために生きている」ということです。こうなると、卵が先か鶏が先か、ということで堂々巡りになってしまいます。

とにかく幸せな人生であればよいのか

ところが、普段私たちはその生きる目的を意識しないまま、惰性のように日々を送っているのです。毎日が前の日と同じことのくり返しで、一つひとつの行為の目的など考えたことはないという人がほとんどでしょう。

ですから、「何のために生きているのですか?」という問いに対して即座に答えることができないのです。

一般的には「家族を幸せにするため（生きている）」「いまの幸せを維持するため（生きている）」という答えが最大公約数かもしれません。「自分を磨くため」「世の中の恵まれない人たちの幸せに貢献するため」という答えが即座に出てくる人はまだ少ないような気がします。

もちろん「生きる目的」は人それぞれに違ってかまわないのです。要は、毎日を惰性的に生きるのでなく、時々は立ち止まって「生きる意味や目的」について考えることが必要だということを言っているのです。

人生の目的がハッキリしないまま「いかに上手に生きるか」と、生き方のハウツーを考えたり、「とにかく幸せな人生であればいいのだ」ということで、「幸せになる方法」を追究している人は、いずれその生き方の間違いに気づかされることになるのは避けられないでしょう。

人生の目的は「お金をしっかり稼ぐこと」？

幸せな人生を送ることが目的だと考える人は、幸せになるためにはお金を稼ぎ、一定の貯えをしたり、生命保険をはじめ各種の保険に入るなどして、将来の不幸の原因となるものに備えておくことが大切だと考えます。

お金があれば幸せになれるし、また不幸を回避したり、傷を小さくすることができると信じているからです。

ですから、幸せに生きるために「お金をしっかり稼ぐこと」が大切な要件となり、目的そのものともなっています。

そういう人の人生は「お金を稼ぐために生きている」ということになります。

確かに、現代は「お金をたくさん稼げる人」が人生の成功者として尊重される世の中になっています。スポーツ選手に憧れる人が多い理由の一つは、お金をたくさん稼ぐことができると思われていることもあるでしょう。

私たちの人生は、お金をしっかり稼いで、そのお金でおいしいものを食べたり、旅行したり、音楽や芸術を鑑賞したりして、楽しいひとときを過ごすことが目的なのでしょうか。

この世で起こることに偶然はない？

「この世で起こることは偶然の積み重ねである」という考え方に立ちますと、人生は次々と運命に翻弄されながら、不安な気持ちで終点を目指す迷路のようなものということになります。

運がよい人はハッピーエンド、運の悪い人は途中で落とし穴に落ちて大けがをして、悲惨な末路を迎える可能性がある、ということです。

だから、できるだけうまく迷路を通り抜けるために、神様にお願いをしたり、保険をかけて不慮の事故や病気に備えるということになります。

毎日が偶然の積み重ねですから、人生の目的を考えるというよりも、いかにうまく生きるかということが大切になります。つまり、「ハッピーに生きる」ことが目的となるのです。そういう生き方のことを私は「楽得思考」と表現しています。「できるだけ楽をしたい」「人よりも得をしたい（損はしたくない）」という考え方のことです。

今日では、多くの人がこの「楽得思考」で生きていると言っても過言ではないでしょう。

人生の「楽」を保証するものとしてお金があります。お金をたくさん持っている人は楽ができ、いろいろと楽しむことができるからです。そのため、いかに上手にお金を増やすかということに多くの人が関心を持っています。「得をする」ことに知恵をつかい、自己主張を強めているのです。

人生は偶然の積み重ねで、しかも一回限りで終わりだと思っている人が、お金の力を利用して人生を楽しもうと考えるのは無理もないといえます。

しかしながら、「人生は一回限りではない（また生まれ変わって次の人生を生きる）」となると話は違ってきます。また、「人生は偶然の積み重ねではなく、そこには宇宙の法則とも言うべき力が厳然とはたらいている」となれば、今を楽しんでいるだけでよいのだろうか、という考えが生まれてくるはずです。

はたして、偶然この世に生まれ、偶然の出来事に翻弄されながら生涯の幕を閉じるのが人生なのでしょうか。生きる目的も考えず、生まれてしまった以上生きるしかないという考えで生きるのが人生なのでしょうか。

運がよいとか悪いとか一喜一憂しながら、肉体が朽ちれば墓に入って命は消滅するのでしょうか。

宇宙は物質が偶然集合したものにすぎないのか

実は「この世の中に存在するもの、起こることに偶然はない」という考え方があるのです。もちろん、人生は決められた運命のレールを走るだけだから、何も変えることはできないということではありません。

私に「この世で起こることに偶然はない」ということを確信させた一文をご紹介しましょう。アポロ一四号で月に行った宇宙飛行士のエド・ミッチェルが、月からの帰りの宇宙船のなかで、日頃疑問に思っていたことに突然答えがひらめいたという内容です。

以下は『宇宙からの帰還』（立花隆著／中央公論社）からの引用です。

……月探検の任務を無事に果たし、予定通り宇宙船は地球に向かっているので、精神的余裕もできた。落ち着いた気持で、窓からはるかかなたの地球を見た。無数の星が暗黒の中で輝き、その中に我々の地球が浮かんでいた。地球は無限の宇宙の中では一つの斑点程度にしか見えなかった。しかしそれは美しすぎるほど美しい斑点だった。それを見ながら、いつも私の頭にあった幾つかの疑問が浮かんできた。私という人間がここに存在しているのはなぜか。私の存在には意味があるのか。目的があるのか。人間は知的動物にすぎないのか。何かそれ以上のものなのか。宇宙は物質の偶然の集合にすぎないのか。宇宙や人間は創造されたのか、それとも偶然の結果として生成されたのか。我々はこれからどこにいこうとしているのか。すべては再び偶然の手の中にあるのか。それとも、何らかのマスタープランに従ってすべては動いているのか。こういったような疑問だ。

――『宇宙からの帰還』（立花隆著／中央公論社）

整理してみましょう。

①　人間が存在していることに意味・目的があるのか。
②　人間は知的生物にすぎないのか、それ以上のものか。
③　宇宙は物質が偶然集合したものにすぎないのか。
④　人間は創造されたのか、偶然の産物か。
⑤　今後も偶然に左右されるのか、何らかのマスタープランがあるのか。

この疑問に対して、次のような形で答えが届いたということです。

いつも、そういった疑問が頭に浮かぶたびに、ああでもないこうでもないと考えつづけるのだ。が、そのときはちがった。疑問と同時に、その答えが瞬間的に浮かんできた。問いと答えと二段階のプロセスがあったというより、すべてが一瞬のうちだったといったほうがよいだろう。それは不思議な体験だった。宗教学でいう神秘体験とはこういうことかと思った。心理学でいうピーク体験だ。詩的に表現すれば、神の顔にこの手でふれたという感じだ。とにかく、瞬間的に真理を把握したという思いだった。

――『宇宙からの帰還』(立花隆著/中央公論社)

人は目的を持って進化しつつある

ミッチェルが得た結論は次のような内容でした。

世界は有意味である。私も宇宙も偶然の産物ではありえない。すべての存在がそれぞれにその役割を担っているある神的なプランがある。そのプランは生命の進化である。生命は目的を

持って進化しつつある。個別的生命は全体の部分である。個別的生命が部分をなしている全体がある。

――『宇宙からの帰還』（立花隆著／中央公論社）

これを次のように整理しておきます。

① 人も宇宙も偶然の産物ではない。
② すべての存在がそれぞれに役割を担っている神的なプランである。
③ そのプランとは、「生命の進化」である。
生命は目的をもって進化しつつある。
④ 個別的生命は全体の部分である。

それではこの内容を「人」に限定して解釈してみましょう。

① 人生は偶然の産物ではあり得ない。
② すべての人がそれぞれに役割を担っている神的なプランがある。

③　そのプランとは「人としての進化・成長」である。
人は目的を持って進化しつつある。当然、人生には目的がある。
④　人は地球という生命体の部分を構成している。

「人は宇宙とともに進化するために生きている」ということです。「心を持つ生命体」として進化することが目的なのです。

心霊学的に表現すれば、人生の目的は「魂の進化・向上」ということです。そのために人は何度も生まれ変わり、新しい人生で苦難を体験しながら、学びを続けていると結論づけておきましょう。

次章から、その理由を詳しく説明してまいります。

第1章　心のメカニズム編

――「心」の無免許運転は人生高速道路の事故につながる

この世のものはすべて「心」によってつくられている

最初に、お釈迦様（ブッダ）の教えとされる以下の文章に目を通してください。
『仏教聖典』（仏教伝道協会）からの引用です。

絵は絵師によって描かれ、外界は心によって作られる。
心はたくみな絵師のように、さまざまな世界を描き出す。この世の中で心のはたらきによって作り出されないものは何一つない。

――『仏教聖典』（仏教伝道協会）

「外界」とは私たちの五感で感じることのできる物質世界のことを指しています。もちろん、肉眼では見えない世界、つまり望遠鏡や顕微鏡を使ってしか見ることのできない宇宙やミクロの世界も含んでのことです。

お釈迦様（ブッダ）は、それらがすべて「心によってつくられる」と述べておられるのです。しかも、「この世の中で心のはたらきによってつくり出されないものは何一つない」と断言しています。

これこそが仏教の真髄というものなのです。「仏教はお葬式のときにお坊様がお経を上げてくださる宗教」という先入観は、ひとまず棚に上げてください。そして、「仏教とは心のはたらきについての教えなのだ」ということを心にとどめてください。

心のはたらきは目に見えないからつかみにくい

心のはたらきを表現する言葉はたくさんあります。

軽く拾っただけでも次のような言葉が、心のはたらきを表現する言葉として使われています。

一つの漢字からいくつもの熟語ができていますので、「心」のバリエーションを知る上で参考になると思います。
これらの熟語をひとくくりに表現すれば「心のはたらき」ということになります。
しかしながら、それぞれのはたらきの違いを説明することはむずかしく、また目に見える形で証明することはできないのです。

念——思念　念力　怨念　想念　断念　邪念　……
気——気力　気質　正気　本気　病気　気分　……
意——意志　意識　意図　意地　意見　……
想——想念　想像　連想　愛想　想起　……
思——思想　思慮　思考　思案　……
考——考慮　考察　考案　……
情——感情　情熱　情念　情状　……

このほかにもまだまだたくさんあるでしょう。「精神」もよく使われる言葉ですが、ここには拾っておりません。心はそれほどに多彩で、精妙なはたらきをするという証しです。

しかも、心の状態は一定ではなく、常に動いています。自分の心をのぞいてみるとよくわかるでしょう。「心はコロコロ変わるからココロというのだ」という考えもあるほどです。大好きだった恋人が他の人ともつきあっていることを知ったとたん、今度は大嫌いになるというケースも珍しくないように、心は自分の思い通りにならない動きをします。

ですから、心のはたらきの違いを誰にでもわかる言葉で説明するのは至難の業です。

お釈迦様（ブッダ）が「この世界にあるものはすべて心がつくり出しているのだよ」とおっしゃっても、その「心」がどのようにはたらいているかを認識できなければ、私たちにはなすすべがないのです。

もちろんお釈迦様（ブッダ）は、その心のはたらきと正しい使い方についてちゃんと教えておられるのです。それこそが仏教の真髄だと言ってもよいでしょう。

本章では、お釈迦様（ブッダ）の教えを参考にしながら、「心はどのようなメカニズムではたらくのか」ということを解き明かしていきます。

人の想念や感情は無意識の海からやってくる

ここで、想念や感情といった私たちのふだんの心のはたらきと無意識の関係について述べた一文をご紹介しておきましょう。

以下は『空間からの物質化』（ジョン・ダビッドソン著／梶野修平訳／たま出版）からの引用です。

この世界が「心」の世界であることは極めて明白なことである。あなたがどこを眺めても、何らかの想念（＝思い）や感情（＝気持ち）に動機づけられたという理由で大勢の人が動き回っている。われわれは想念や感情といった心的過程抜きで行動することはないのだ。

通りに立って周囲を、あるいは自分の家族を眺めてみるがいい。そうすれば、すべての人間が能動的な心を持っていて、その心が当人のやっていることを指図していることが分かるであろう。この能動的な心はある程度意識を有しているが、実際には無意識な想念と感情の波打つ広大な海の表面の活動しか体現していない。

また人間が作ってきたあらゆる人工物も心の助けによって作り出されてきたのである。だが

われわれは、自分の想念や感情がどこからくるのかを知っていない。なぜならわれわれの想念や感情が、今生と過去生の双方のさまざまな出来事によってパターン化され形造られながらやって来るのは、この無意識の海からだからである。

――『空間からの物質化』（ジョン・ダビッドソン著／梶野修平訳／たま出版）

結構難しい表現がされていますので少し解説します。

「すべての人間が能動的な心を持っていて、その心が当人のやっていることを指図している」というのは、「人はみな自分の意志で行動している」ということです。問題はそれに続く内容です。

「この能動的な心はある程度意識を有しているが、実際には無意識な想念と感情の波打つ広大な海の表面の活動しか体現していない」と述べています。

これを言い換えれば「自分の意志で行動しているつもりでも、実際はほとんど無意識に行動している」ということです。

毎日の思考のほとんどは過去の思考のくり返しである

「人はほとんど無意識に行動している」ということをわかりやすく説明したもう一つの文献をご紹介します。

以下は『こうして思考は現実になる』（バム・クラフト著／桜田直美訳／サンマーク出版）からの引用です。

人間には、決まり切ったパターンにはまりやすいという困った傾向がある。人間は一日に六万個の思考を持つという話を覚えているだろうか。実は、科学者によると、六万個の思考の九八パーセントは前日のくり返しだという。つまり、六万個の思考のうち、新しい思考は一〇〇個程度で、それ以外はすべて前日とまったく同じ思考だというのだ。

——『こうして思考は現実になる』（バム・クラフト著／桜田直美訳／サンマーク出版）

科学者が人の思考をどのようにしてカウントしたのかは気になるところですが、私たちの毎日の思考の大半は前日または過去の思考の繰り返しであるのは確かでしょう。つまり、習慣となっている思考パターンをいろいろと組み合わせているということで、そのつど一から考えることはありません。

文字を書くことを例に考えてみましょう。漢字を覚える過程では、書き順や形について手本や記憶を頼りながらゆっくりと覚えていきますが、なれてきたら無意識に個性的な自分の文字を書くことができるようになります。何も考えることなく過去の書き方のくり返しで書けるのです。

このように「無意識な想念と感情の波打つ広大な海」は多くの思考パターンを貯蔵しており、その表面でかすかにその時その時の想念と感情が波打っているということです。

要するに、私たちの毎日考えていること、または感じていることのほとんどは、過去のパターンをそのまま繰り返しているに過ぎないということです。

そして、その「過去のパターン」が貯蔵されているのが「無意識の海」なのです。

無意識が人の行動を左右している

次に、「意識」と「無意識」の関係を理解する上で参考になる一文をご紹介します。

以下は、『エドガー・ケイシー1998最終シナリオ』（カーク・ネルソン著／光田秀訳／

たま出版）からの引用です。

心理学によると、私達の意識には、私達が通常自覚している顕在意識の他に、無意識といわれる領域があると言います。たとえとして、海に浮かぶ氷山を意識の全体とすれば、海面に浮かんで見えるわずかの部分が顕在意識であり、海面下にある大きな部分が無意識であるというようなことが言われます。努力すれば何とか思い出せる意識が顕在意識で、いくら努力しても思い出せない意識が無意識であるとも言えます。

私達はこの無意識層を自覚することが出来ないにもかかわらず、無意識は様々な形で私達の人生に影響を及ぼします。たとえば、卑近な例で言うと、会社に入っても必ず上司と衝突して会社を辞めてしまうということを繰り返すような人は、大抵、無意識層に「上司と衝突して会社を辞める」というパターンが刷り込まれていて、そのパターンがその人にそのような行動を取らしめるのです。

右に述べた例は、個人の無意識に存在するパターンが、その個人の行動を知らず知らずのうちに左右することを示したものですが、ユングは、私達の無意識層には個人に固有のパターンばかりではなく、各自の無意識をさらに深く探ると、先祖から受け継いできた特定のパターン、（中略）そして究極的には人類としてのパターンがあることを明らかにしました。

これらの人間が集団として共通に持っている無意識のことをユングは集合的無意識と呼び、その集合的無意識に現れる特定のパターンを「元型」と呼びました。

――『エドガー・ケイシー１９９８最終シナリオ』（カーク・ネルソン著／光田秀訳／たま出版）

少し整理しておきましょう。

①　私たちの意識は、通常自覚している「顕在意識」のほかに「無意識」と呼ばれる領域がある。

②　「無意識」の領域を認識することはできないが、無意識はさまざまな形で人生に影響を及ぼす。

③　無意識には「個人の無意識（潜在意識）」のほかに「集合的無意識」があり、先祖から受け継いできたものや究極的には人類全体の意識がパターン化されている。

「心の癖」は訓練によって変えることができる

「心」には、自分で認識できる心と認識できない心があることがわかりました。

前者は「顕在意識」、「現在意識」、「表面意識」などと呼ばれ、単に「意識」とも呼んでいます。後者は「意識できない」という意味で「無意識」と呼ばれていますが、ユングによって無意識には「個人の無意識（潜在意識）」と、そのさらなる奥に「集合的無意識」というものがあることが明らかにされました。

「心が運命を左右する」という場合の「心」は「無意識」の領域を指しています。私たちが日常的に自分が自由に駆使していると思っている「心（顕在意識）」は、そのほとんどが無意識に左右されているのです。つまり、心は無意識の領域に貯蔵されている「習慣となった心の使い方（心の癖）」の指図通りにはたらいているということです。

極端な例で見てみましょう。私たちが道を歩くとき、「まず右足を出そう。つぎは左足を出そう」と考えることはありません。歩くときに脚を交互に出すことは長年の経験から、つまり同じ動作のくり返しによって無意識の領域に記憶されてしまっているからです。決して赤ちゃんのときに「右足の次は左足を出しなさい」と教えられて歩き方を身につけたわけではありません。人類共通の無意識のなかに、歩き方のパターンが刻まれているということです。もちろん、心臓の鼓動や呼吸の仕方などは、それ以上に本能として無意識のなかに刻まれていますので、生まれてから改めて練習する必要はないのです。

次は少し難しい動作で考えてみましょう。箸で物をつかむ動作です。子供のころ箸を使いはじめたころはなかなか箸で物をつかむのは難しかったはずです。大人でも、たとえば箸を使ったことのない西洋の人は、日本に来て箸を使って物を食べるのが大変だったと言います。しかし、くり返し使っているうちにやがて自由に使いこなすことができるようになるのです。

行動に現れない心のなかの動きもまた同じことが言えます。「心の癖」はその意志を持って訓練すれば変えられるのです。新しい心の使い方を習慣化できるということです。

性格を変えれば運命が変わる

一般的には「習慣となった心の使い方」のことを「性格」と呼んで、変えることが難しいと思われています。しかしながら「習慣となった心の使い方（心の癖）」を変えない限り、現在進行中の人生を軌道修正することはできないのです。

これまでの人生が不運続きで不幸だったと考えている人は、これから先も不運と思う人生が待ち受けている可能性が高いでしょう。逆に、これまでは順風満帆で絶好調だったからといって、これからも順調な人生が保証されているわけではありません。ある日突然、自分や家族が重篤な病気になったり、勤務先の人員整理で職を失うといった苦難が立ちはだかって、一転して不幸な日々を送ることになることもあり得るからです。

心が人生を左右するわけですから、習慣となっている現在の心の使い方を点検し、これからの運命を好転させ、安定軌道に乗せるような心の使い方をマスターしていくことが大切です。そのためには、「心はどのようにして習慣化していくのか」という心のメカニズムをよく理解しておく必要があります。

「心」は四つの「意識」に分類される

本書はいわば「心」の取扱説明書と言うべき内容ですので、「心」をひとくくりにせず部品化して説明していきます。

心理学では「心」を「意識」と表現して、顕在意識、潜在意識（無意識）、集合的無意識といった分類がされています。しかしながら、この表現では「心」の違いがイメージしにくいと思われますので、やわらかい表現に変えて、以下のように心理学の表現と併記していきたいと思います。

①　顕在意識　↓　見える心（顕在意識）
②　潜在意識　↓　奥の心（無意識）
③　集合的無意識　↓　みんなの心（集合的無意識）

これに「宇宙意識（超意識）」を加えます。

④　宇宙意識（超意識）↓　すべての心（超意識）

それでは一つずつ説明していきます。

①「見える心（顕在意識）」

心理学で「顕在意識」と呼ばれている「心」は「そのつもりで観察すれば認識できる」という意味で「見える心（顕在意識）」と表現します。

五感（視覚、聴覚、嗅覚、味覚、触覚）のはたらきによって生じる心のはたらき、すなわち「きれいな花だ」、「いい音色だ」、「いい匂いだ」、「甘くておいしい」、「冷たい」といった心のはたらきは自分で認識することができますので「認識できる＝見える」という解釈で「見える心（顕在意識）」とします。

また、「嬉しい」、「腹が立つ」、「哀しい」、「楽しい」といった喜怒哀楽や、好き嫌いの感情、恐怖心などは、その気になれば自分で心のはたらきを思い出すことができますので、これも「見える心（顕在意識）」です。

自分の普段の「心」を見ることが自在にできるようになれば、「心」をコントロールすることも可能になります。しかしながら、ほとんどの人が「見える心（顕在意識）」の使い方は習慣になっていますので、意識することがないまま勝手にはたらいてしまうためコントロールできないのです。

怒っている瞬間に「あ、いま私は怒ってる。この怒りはよくないから抑えよう」と「見える心（顕在意識）」を制御することは難しく、後になって「あのとき私はなぜ怒ったのだろう」と自分の心の足跡を追跡して後悔することになるのが一般的です。

② 奥の心（無意識）

この「習慣になった心の使い方」が「心の癖」と言われているもので、すべてパターン化されて無意識の領域に蓄積されているのです。この無意識の領域のことを「奥の心（無意識）」と表現していきます。

③　みんなの心（集合的無意識）

「みんなの心（集合的無意識）」は一種類というわけではありません。集団ごとに、その集団を構成する人たちの「みんなの心（集合的無意識）」が形成されますので、集団特有の集合的無意識ができあがるのです。

具体的には、家族意識、団体の意識（宗教や政党など）、企業体などの持つ意識（「社風」と呼ばれたりします）、さらには国家意識、民族意識、人類意識、地球意識、……と広がりを持っています。

個人の「見える心（顕在意識）」は、自分が属するそれぞれの集団の「みんなの心（集合的無意識）」に影響を与え、また「みんなの心（集合的無意識）」から影響を受けることになります。

たとえば、国の場合は「国民性」と呼ばれるものが「みんなの心（集合的無意識）」に相当すると考えてよいでしょう。国や民族、宗教の違いによって、「みんなの心（集合的無意識）」も多種多様なのです。

もちろん、そのような「みんなの心（集合的無意識）」の影響を受ける度合いは、集団への帰属度合いや関係の深さの違いによって差があります。集団を嫌悪したり反発したりしている人は、その集団の「みんなの心（集合的無意識）」の影響を受けることが少ないと考えてよいでしょう。

「神」はすべてを包含し、すべてに浸透している

「心」を地球上の島にたとえてみましょう。水面の上に出ている陸の部分が「見える心（顕在意識）」、水面の下に隠れた部分が「奥の心（無意識）」です。そして、もっと深いところが「みんなの心（集合的無意識）」ということになります。

陸から見ると島はそれぞれ独立しているように見えますが、海の深いところでは陸地はすべてつながっています。このように、「心」も深いところではすべてつながっていると考えられます。

「心」を地球に例えた場合の地球全体が「神」ということになります。ということは、一つひとつの島が地球の一部であるように、「心」の視点から見れば人間一人ひとりも「神」の一部ということになるのです。当然、人間以外の生き物も、あるいは岩や土などのように「心」を持たないと考えられている無生物も、すべて「神」の一部です。

そういう観点から、本書では「神」を「すべての心（超意識）」と表現していきます。

④「すべての心（超意識）」

「すべての心（超意識）」は、物理的な宇宙や次元を超えて、「心」の世界をも含む無限宇宙と言うべきものです。日本の神社仏閣に祀られている神様や仏様、あるいはいろいろな宗教団体の主宰神のことではありません。それらをすべて包含した本源の存在という意味で「宇宙絶対神」と言ってもよいでしょう。

「心」の相関関係をもっと理解しやすくするために、「心」を水にたとえて考えてみましょう。

人間一人ひとりの「心」は山からしみ出してくる湧き水ということになります。それが小川となり、やがて大河となって海に流れていきます。海岸は湾になっていたり、浅瀬になっていたりといろいろです。それらがいろいろな形の「みんなの心（集合的無意識）」と考えればよいでしょう。

海に流れ込んだ水の一部は水蒸気となって雲になり、北極では氷に、また赤道直下では台風やハリケーンに姿を変えます。それらも水の一形態です。

そして、氷山も台風も、雲も、霧も、もとは水なのです。この「水」が「すべての心（超意識）」ということになります。

心がつながっている状態、いろいろと交流し、影響し合っている状態がこの水のたとえからイメージしていただけたでしょうか。どのような形態をしていても、「心」はすべてつながっていて、それは「神」の要素で構成されているということです。

「心」はどのようなメカニズムではたらいているのか

「水」の場合はゆっくりと地球を循環しますが、「心」は最初からつながった状態で相互に影響し合っています。主な相関関係をあげると次のようになります。

①「見える心（顕在意識）」のはたらきは「奥の心（無意識）」を経由して「すべての心（超意識）」に貯蔵される。

②「見える心（顕在意識）」のほとんどは「奥の心（無意識）」と「みんなの心（集合的無意識）」の影響を受けてはたらく。

一般的に、年をとって新しいことに興味を失うと脳が劣化し、自発的に考えることが少なくなります。そして毎日を惰性で生きるようになります。昨日と同じ、あるいは先週と同じ生活パターンの繰り返しということで、「見える心（顕在意識）」は「奥の心（無意識）」にある「心の癖」の通りに反応するのです。

その結果、頭を使って考えることが少なくなるため、ますます脳のはたらきが劣化し、それがまた「見える心（顕在意識）」の固定化につながるという悪循環になります。

記憶力（思い出す力、新たに記憶する力）が低下するのはその兆候の一つです。

「奥の心（無意識）」が人の運命を決めている

私たちが現在の運命をよい方向に変えようと思うなら「奥の心（無意識）」を変えなくてはいけないのです。しかしながら、「奥の心（無意識）」は認識できないので直接変えることはできません。ですから、「見える心（顕在意識）」を変えることによって間接的に「奥の心（無意識）」を変えていくしか方法はないのです。

ただし、認識できない「奥の心（無意識）」も「形」となって表現されたときに、その傾向（＝どんな癖を持っているか）を推測することができます。

「形」の代表的なものは言葉、態度、表情などです。

仏教では、人の運命に影響を及ぼすこれらの要素を「身・口・意（しん・く・い）」と表現しています。「身＝態度、行為」、「口＝言葉」、「意＝想念＝見える心（顕在意識）」です。

「大本神諭」や「日月神示」に出てくる日本の神道系の神さまも「口・心・行」という形で、順番は違いますがまったく同じことを述べています。「口＝言葉」、「心＝意＝想念」、「行＝身＝行為」というわけです。

この三つを意図的、能動的に変えることによって、「奥の心（無意識）」が変わり、運命が変わるのです。「身・口・意を変えれば心の癖が変わり、人生が変わる」ということです。

「身・口・意」を操作して「心の癖」を変えるには

では、「身・口・意を変える」とはどういうことを意味しているのでしょうか。それは「善くない心の使い方」を改め「好ましい心の使い方」を習慣化するということです。

ではここで「見える心（顕在意識）」が「奥の心（無意識）」に根付いていくメカニズム」についで整理しておきましょう。つまり、「見える心（顕在意識）」が「奥の心（無意識）」に蓄積され習慣化していく仕組みです。

心のメカニズムを機能別に分解すると以下の六つが「心の癖」をつくる主な要素となっています。それぞれの要素は個々にはたらきますが、いくつかの要素が組み合わされることによって相乗効果を発揮します。

覚えやすいように「神が仕組む心のメカニズム」というネーミングにしました。

「神が仕組む＝か・み・か・し・く・む」です。

◆神が仕組む心のメカニズム

「見える心（顕在意識）」が「奥の心（無意識）」に刻印される基本パターン。

★①【か＝形】形が心の種となる。expression
★②【み＝みんな】みんなの心は伝染する。synchronization
★③【か＝感情】感情が心を根付かせる。emotion
★④【し＝視覚化】視覚化は心の設計図づくり。visualization
★⑤【く＝繰り返し】繰り返しで心は育つ。repetition
★⑥【む＝無心】無心になると奥の心の扉が開く。concentration

「神が仕組む心のメカニズム」「濁りはとる」と記憶してください。「濁り＝濁点」ということで、「神が」の「が」は「か」に置き換えるという意味です。

それでは一項目ずつ説明していきましょう。

★①【か＝形】形が心の種となる。expression

「形」とは、言葉や絵、音声、表情、態度など、人が五感によって認識できるもの、その形によって影響を受ける「見える心（顕在意識）」のはたらきです。

なかでも最も注意しないといけないのが「言葉」です。言葉は文字になった場合も注意が必要ですが、話し言葉として発信されると「奥の心（無意識）」に対して大きな影響力を発揮します。

長年にわたって多くの人が使ってきた言葉、そして今もなお使われ続けている言葉には人の思い（情念）が込められているため、言葉が特定の波動を宿しているのです。その言葉を使うと自分のなかにも同じような波動が宿ることになります。

「言葉には魂が宿っている」という意味で、わが国には「言霊（ことだま）」という言葉があるくらいです。耳にする言葉、口にする言葉、目にする言葉（文字）には十分注意する必要があります。

他人の悪口は、自分の耳が聞いて自分の運命を悪くする

なかでも、自分の気持ちや感情を表現する場合は慎重に言葉を選ぶようにしなければなりません。「言葉の乱れ」は間違いなく「心の乱れ」につながり、また心が乱れると言葉も乱れて

いくという相関関係になっているからです。

本人がいないところで他人の悪口を言った場合でも、結果として自分の運命を暗くすることにつながります。なぜなら、自分の発する言葉は自分の耳が聞いているからです。

耳は音情報の受信機です。発信機としての口から発せられた言葉は自分の耳という受信機で受け止められますので、「奥の心（無意識）」に刻む効果は倍増するのです。

口癖になっている自分の言葉を点検してみてください。愚痴や不満、他人の悪口を言う癖はありませんか。口癖はすべて「心の癖」の反映ですから、自分の口から出た言葉がまた「奥の心（無意識）」に刻まれていくという循環になります。仏教でいう「岩に書いた文字」となってしまうのです。好ましくない口癖は放置せず、努力をして変えていかなくてはいけません。そのことによって運命を好転させることができるのです。

また、言葉は文字にして繰り返し目にすることで「奥の心（無意識）」に刻まれ、「岩に書いた文字」となっていきます。「潜在意識の力」の活用をベースとしたアメリカの成功哲学では、自分の夢を短い言葉（アファーメーション）で表現し、それを文字にしていつも見るようにすると夢がかなう、と教えています。文字となった言葉が「奥の心（無意識）」に影響を与えると言っているのです。「文字を繰り返し何度も見る」ことによって、この後に出てくる「繰り返し」効果が発揮されるわけです。

言葉が長すぎたり、見るたびに変わっていては「奥の心（無意識）」に刻む効果が弱くなりますので、覚えやすい短い言葉にするほうがよいのです。

結論として――

①　失敗や不幸の種を増やす口癖は改める。
②　成長と感謝の機会を増やす言葉を口癖にする。

単に心のなかで感謝の気持ちを持つよりも、「ありがとうございます」と言葉に表して形にするほうが効果は大きいのです。

逆に、好ましくない気持ちは形にしないほうがよいということになります。たとえば長時間労働で心身ともに疲れきったときに「疲れた～」と言葉にすることで疲労感は強くなり、それを繰り返していると「疲れた～」という口癖ができあがります。まして、自分がやりたくない仕事を強制された場合は、「疲れた～」という言葉に不満な気持ちが込められますから、その効果はさらに強化されるのです。

形はくり返しによって「奥の心（無意識）」に刻まれます。

催眠術で、術者が人に「眠くなる、眠くなる」という暗示（言葉）を繰り返すことで、眠りの世界に引き込んで行くのを見てもわかるように、「形（言葉）」の力はすごいのです。

態度や行為も「形」として表現されると「奥の心（無意識）」に影響を与えます。仏教で言う「身・口・意」の「身」に当たります。

基本的には喜怒哀楽や好き嫌いを表現するときに、私たちはそれとわかる態度をとります。嬉しい時は笑い、怒った時は目をつり上げる、悲しい時は泣く、というのが最も代表的な「形」です。

「悲しいから泣くのでない。泣くから悲しくなるのだ」という言葉は、「形（泣く）」が「心（悲しい）」を育てることを表現しています。

★②【み＝みんな】みんなの心は伝染する。synchronization

「みんなの心」はユングの言う集合的無意識のことですが、集団ごとに「集団としての信念体系（心の癖）」ができあがっています。

集団となった人の意識は、大きいものから「人類意識」、「民族意識」、「国民意識」などがあり、また宗教団体の信者の人たちや政党の熱烈な支持者の人たちは強固な思想や信仰心を持っていますので、それぞれ「みんなの心」を形作っています。その宗教や政党に属している人たちは、そのグループの持つ「みんなの心（集合的無意識）」に染まりやすいということです。

心の場合は細菌やウイルスと違って瞬時に伝わりますので、正確にいうと「伝染する」というより「同期する」という感じです。心は波動ですから、瞬時に共鳴するのです。強い波動の影響を受け続けると、その波動に共鳴して染まってしまうことになります。「朱に交われば赤くなる」ということです。

そういう形で「ある考え」を信じる人が多くなればなるほど、そのグループの信念体系が強固なものとなり、さらに伝染力を強めていきます。ファッションなどの流行の仕方が「みんなの心（集合的無意識）」の広がり方を表しています。マスコミを利用した宣伝によって意図的に人の心を操ることができることを表しています。

最近のマスコミがよく使っている「内閣支持率」の調査なども、「みんなの心（集合的無意識）」を誘導する巧妙な手段であることが見て取れます。各新聞社が独自に質問項目をつくり、世論形成をはかることができる社会になっているということです。

テレビで一定期間世論を誘導したあとで、調査を実施し、結果を発表して、「ほら、やっぱり国民の支持率は落ちている」と、内閣や政党の政策をマスコミの望む方向に誘導するという手口で、今日では世界各国がその手法を取り入れています。

選挙で有権者が投票した結果よりもマスコミの報道の方が政治を動かす力が大きい時代を迎えていると言えます。

これこそ、「みんなの心（集合的無意識）」の伝染力をうまく利用した手法ということができるでしょう。

このように、多くの人が同じ感情や考えを持つと、その波動は共鳴し合って「みんなの心（集合的無意識）」を形成し、伝染力を強めていきます。

そして同じ感情や考えを持つ人の数が一定数（一定の比率）を超えると、その心の状態は一気に広がっていくと言われています。ファッションや音楽などの流行の裏にはこのような心のメカニズムが隠れています。それはちょうどロケットが、離陸するまでは膨大なエネルギーを必要とし、浮上に一定の時間がかかりますが、いったん離陸してしまうと加速がつき、一気に空高く飛び上がって行くのと同じ現象です。

伝染力の源は「波動の共鳴現象」ということになります。心も波動ですから、多くの人が発する心の波動には共鳴しやすいのです。

マスコミがつくる「みんなの心」が世の中を動かしている

もともと多くの人の「奥の心（無意識）」には「みんなと同じであれば安心だ」という意識が隠れているのです。とくに日本人の場合は「みんなで渡ればこわくない」と考える傾向が強いと言われています。マスコミの報道を信用する比率が先進国のなかでもダントツに高いと言われているのはその表れでしょう。

悪い言葉では付和雷同型と言うこともできますし、「村意識が強い」と言ってもよいでしょう。村八分にされることを恐れる気持ちが日本民族の「みんなの心（集合的無意識）」に潜んでいるものと思われます。「多数派（勝ち馬）に乗る」という考え方です。

「朱に交われば赤くなる」ということわざも心の伝染力を表す言葉です。同じ考えを持つ人たちの間に入っていくと、その考えに染まってしまうことを、昔の人は経験から知っていたのです。

今日では「みんなの心（集合的無意識）」をつくっているのはマスコミです。

特にテレビの影響は絶大で、テレビ各局が一斉に報道することによって多くの人の「心」が影響を受けます。政治家やタレントのスキャンダルなどを問題にして、コメンテイターが裁判官でもあるかのように断罪し、憤ってみせるワイドショーなどの番組がありますが、それを見ている多くの人の気持ちが同じ方向に誘導されていきます。

それは「心の伝染効果」によって共鳴し、国民の「みんなの心（集合的無意識）」を形成していくことになるのです。

「マスコミがみんなの心をつくる」と記憶しておいてください。正しい情報ではなくても、繰り返し報道されることによって多くの人々の「みんなの心（集合的無意識）」に信念体系として定着していくことになります。「嘘も百回言えば本当になる」という言葉がありますが、古くから国民に信用されてきた大新聞の報道であれば、一回でも十分に嘘を本当と思わせる力があるでしょう。

これは「洗脳」と表現される現象です。テレビや新聞を中心とするマスコミは、多くの人を洗脳する力を持っているということです。もし各新聞社やテレビ局が足並みをそろえて、意図的につくられた情報をあたかも真実であるかのように報道するならば、国民を洗脳することも簡単なことでしょう。

「見える心」は「みんなの心」と瞬時に同期する

「心が同期する」という現象は、双子の兄弟姉妹や仲の良い家族間（夫婦間）ではよくあります。二人の人の口から同時にまったく同じ言葉が出てくることは結構あるのです。

私も長年連れ添った妻との間でよくそのような経験をします。二人がまったく同じ気持ちや感情を抱き、「心」がつながった状態で、ある事象を体験していたことの現れでしょう。

また、鳥や魚などの大群が捕食動物の攻撃から逃げるときなどに一糸乱れぬ行動をとりますが、群れの仲間の間で心が同期しているためと考えられます。フルスピードで飛んだり泳いだりしているときに、周りの仲間の動きを見てどちらに動くかを決めているのでは、すべての鳥や魚が瞬時に同方向に舵を切ることはできないからです。

スピリチュアリズムの観点では、下等動物は人間ほど個性が強くないため、種ごとに一つの魂グループに属していると言われており、それを「類魂（グループ・ソウル）」と呼んでいます。鳥や魚が群れをなして自在に動けるのは、私たちが左右の手の指を自由に動かすことができるのと同じ現象なのです。

鳥や魚の大群も個体は一羽ごと、一尾ごとに独立していますが、鳥や魚の「種の心（集合的無意識)」が個々の鳥や魚の脳を同期させているのです。

人の場合も、スポーツ観戦に熱中したファンが何かのきっかけに一斉に競技場にモノを投げ入れたり、極端な場合は審判や相手チームの選手に襲いかかっていくという行動をとることがあるのは、多くの人の心が「怒り」の波長に同期するためです。

このように心は同期しますので、多くの人が同じ考えを持つと、同期されやすくなるということを記憶にとどめておいてください。

感情も度が過ぎるとよくない「心の癖」をつくる

★③【か＝感情】感情が心を根付かせる。emotion

心配する、恐れる、喜ぶ、怒る、悲しむ、楽しむ、といった「心」のはたらき、また「好き」とか「嫌い」といった感情は「奥の心(無意識)」に強く刻まれることになります。

恐怖の体験、悲劇的な突発事故などのショッキングな出来事を体験すると、一発で「奥の心(潜在意識)」に大きな傷をつくり、トラウマとなることもあります。

腹を立てることを「感情的になる」と表現しますが、感情が大きく動くのは怒ったときだけとは限りません。嬉しいとき、悲しいとき、楽しいとき、辛いときなどに人は感情豊かになります。人生は悲喜こもごも、嬉しいことも悲しいことも避けられませんから、その時に心が情念を持って反応するのはやむを得ないことですし、また人生の彩りを濃くする上で必要なことでもあります。

しかし、なかにはあまり感情を豊かに表現しないほうが好ましい場合もあるのです。

たとえば、「嫌い」という感情を持ち過ぎると「憎む」「恨む」「呪う」などの強い感情に発展します。嫌いという感情が発展して「憎む」状態になると、最後は「呪う」という手に負えない心の状態を引き起こす可能性もあるのです。

嫌いな人の不幸を願い、ついにはその人を呪い殺そうと考えるのが「丑の刻参り（呪い釘）」です。「人を呪えば穴二つ」ということわざがありますが、呪い殺すところまで行かなくても、好ましくない感情を持ち続ければ、かならず自分に跳ね返ってくるわけですから、よくない「心の癖」は一刻も早く解消する努力をしなくてはいけません。

なお、自分の発信した「身・口・意」が自分に返ってくるメカニズムについては、次の「カルマ編」で詳しく説明します。

逆に、「好き」の部類に属する感情としては「尊敬する」「慕う」「憧れる」などがあげられます。いずれも好ましい感情ですが、好きの度が過ぎると「恋い焦がれる」という恋愛感情となり、「恋の病」にかかったり、逆にストーカーとなって相手の心に負担を与えたり傷つけたりすることになり、よくない「心の癖」を育ててしまいます。

「視覚化」には夢の実現を早める力がある

★④【し＝視覚化】視覚化は心の設計図づくり。visualization

「夢が実現した姿をありありと思い浮かべることによって、実現が確実になる」という考え方が昔からあります。視覚化は心で思う内容を現象化する力を強めるはたらきがあるのです。チベット密教の宗派には、この視覚化の能力を開発するために僧侶が最長七年間も洞窟や閉ざされた部屋のなかでひとりで過ごすという修行法があるといいます。

密教の修行僧でなくても、スポーツ選手がイメージトレーニングという形で視覚化の練習を取り入れていることは知られています。

大事なのは「ありありと、眼で見ているように思い描く」ことです。

実際にやってみると、これがなかなか難しく、場合によっては失敗した姿が目に浮かんで離れなくなることもあります。

このように「視覚化」は簡単ではありませんが、「奥の心（無意識）」に設計図を描く効果があり、夢の実現を早める、と覚えておいてください。

この点で、残念ながら最近は子供のころからテレビやゲームにはまっている人が多いため、視覚化能力が正常に発達しないと言われています。「よく使う機能は磨かれる。使わない機能は劣化する」というのが心の習性だからです。

また大人になっても、最近はスマホの普及によって、情報源を動画に求める傾向が強くなっています。これは、脳の視覚化能力の低下につながる危険性が大きいと考えられます。

視覚化能力が低下すると、小説を読んでもストーリーを頭に描くことができにくくなります。完成した映像がないとイメージできないのです。

アメリカでは、子供のころからテレビづけになっていると視覚化能力が育たないという研究結果が発表されているそうです。

悪癖をつくるのもよい性格をつくるのも「くり返し」の効果

★⑤【く＝繰り返し】繰り返しで心は育つ。repetition

「繰り返す」という行為は「習慣化」の必須項目と言えるものです。他の五項目と組み合わせることによって、「奥の心（無意識）」に刻印する強力な力となります。

「嘘も百回言えば真実になる」という言葉があるように、嘘とわかっていることでも繰り返し聞かされているといつしか「奥の心（無意識）」に刻印されて「心の癖」となり、「見える心（顕在意識）」をコントロールするようになるという心のメカニズムを表現しています。

岩に釘で文字を刻む場合を想像してください。同じ場所を何度もなぞっていると岩の表面が少しずつ削れていき、やがては溝となっていくでしょう。「岩に書いた文字」ができあがるのです。釘でなくても、岩の上に水滴を垂らし続けるとやがてくぼみができ、ついには穴が開くのです。「点滴石をうがつ」ということわざがそのことを表現しています。

また「継続は力なり」ということわざも繰り返しの効果を表現したものです。

たとえば病気やけがの治療をしたあとのリハビリなども同じことで、痛さをこらえ根気よく動かしているうちに、心が肉体の機能の回復を実現させるのです。

逆に「もう治らないのではないか」という疑問を持つと「奥の心（無意識）」の力を弱めますので、「かならず元の状態に戻す」という強い意志と信念が必須条件となります。その信念が維持できれば、「奥の心（無意識）」が強化され、体の機能を回復させるのです。

ここで「繰り返し」の効果に関して参考になる文献を紹介しておきましょう。『原因と結果の法則』の著者として知られるジェームズ・アレンの言葉です。

以下は『幸運と成功の軌跡』（ジェームズ・アレン著／菅靖彦訳／ソフトバンク・パブリッシング）からの引用です。

人間は本質的に習慣の生き物であり、それから逃れることはできません。

習慣とは反復です。人はおなじ思考、おなじ行動、おなじ経験を何度も何度も繰り返します。すると、やがては、それらが自分自身の一部として性格のなかに組みこまれるのです。

このように、それぞれの人は思考と行為の蓄積です。人が努力せずに本能的にしめす性質は、長期におよぶ反復で自動的になってしまった思考と行動の所産です。というのも、最終的に無意識となり、本人が選択しているという意識や、努力しているという意識がなくても、いわば繰り返されるようになるのが、習慣の性格だからです。習慣が完全に定着してしまうと、やがて、それに反する行動をとろうとする意志さえ湧かなくなります。このことは良い習慣か悪い習慣かにかかわらず、どんな習慣にもあてはまります。悪い習慣だと、悪癖や邪悪な心の「犠牲者」だといわれます。良い習慣だと、生まれつき「良い性格」をもっているといわれます。

どんな人でも、良い習慣か悪い習慣かを問わず、自分自身の習慣に支配されています。これ

からもずっとそうでしょう。つまり、人は何度も反復されて蓄積された自分自身の思考と行動に支配されているということです。

――『幸運と成功の軌跡』（ジェームズ・アレン著／菅靖彦訳／ソフトバンク・パブリッシング）

「見える心」を抑えると「奥の心」が活性化する

★⑥【む＝無心】無心になると奥の心の扉が開く。concentration

何かに集中することによって、人は無心の状態になることができます。つまり、集中している対象以外は何も心に浮かばない状態になるということです。

「無心」という場合の「心」は「見える心（顕在意識）」のことです。人が何かに集中したり、または瞑想や催眠によって「見える心（顕在意識）」のはたらきが弱くなると、脳が「奥の心（無意識）」とつながりやすくなるのです。麻薬などの薬物を使っても同じ状態になると思われます。

「無心になる」とは、あれこれと考えずに意識を一つのことを集中することです。普通、私たちの頭にはいろいろな雑念が次々と浮かんできます。仕事のこと、お金のこと、食べ物のこと、友達のことなど、目の前の出来事に反応しますので、そのたびに「見える心（顕在意識）」は動き回ります。そのことによって心の力が分散されるのです。

そのような動き回る心を静止させる方法として座禅や瞑想がありますが、普通の人は何も考えない状態をつくり出すのはなかなか難しいものです。そこで、宗教の場合は念仏やお経、お題目などを唱えることで精神を統一し、雑念が湧かないようにします。そのようにして「奥の心（無意識）」の扉を開いて好ましくない「心の癖」を浄化する取り組みと言えるでしょう。

「ありがとう」という言葉を一心不乱に何万回も唱えると願いが叶う、という考え方はそれに基づいています。瞑想も「見える心（意識）」のはたらきを弱くして「奥の心（個人の無意識）」を活性化する手法です。

以上、「神が仕組む心のメカニズム」の六つの要素が組み合わされ、相乗効果を発揮しながら私たちの「奥の心（無意識）」に「心の癖」が蓄積されていくことになります。

そして、いったん「心の癖」ができあがると、今度はその「心の癖」が私たちの「見える心（意識）」に大きく影響することになるわけですから、私たちはこの「心のメカニズム」をいつも念頭に置いて、心を痛める原因となるようなよくない「身・口・意」を減らし、よい「身・口・意」だけを「奥の心（無意識）」に送るように努力する必要があります。そのことによってはじめて「奥の心（無意識）」のコントロールが可能となり、望ましい充実した人生を送ることができるのです。

それでは、もう一度「神が仕組む心のメカニズム」の六項目を確認しておきましょう。

◆神が仕組む心のメカニズム

「見える心（顕在意識）」が「奥の心（無意識）」に刻印される基本パターン。

★①【か＝形】形が心の種となる。expression
★②【み＝みんな】みんなの心は伝染する。synchronization
★③【か＝感情】感情が心を根付かせる。emotion
★④【し＝視覚化】視覚化は心の設計図づくり。visualization
★⑤【く＝繰り返し】繰り返しで心は育つ。repetition
★⑥【む＝無心】無心になると奥の心の扉が開く。concentration

第2章　カルマ編

――「引き寄せ」も「ドミノ倒し」もカルマのはたらき

人の運命はカルマがつくっている

最近では「カルマ」という言葉をよく耳にするようになりました。

しかし、その本来の意味はいろいろと誤解されていることが多いように思われますので、最初に、カルマに関する認識を統一しておきたいと思います。

まずカルマの持つ次の二つの性質に注目してください。

①　カルマが私たちの運命をつくっている。

② カルマは私たちが自らつくったものである。

①と②を合わせると「私たちの運命をつくっているカルマは、私たちが自らつくっている」ということになります。つまり「私たちは自分で自分の運命をつくっている」ということです。ですから、もし現在の自分の人生（自分自身の健康の状態、生活の状態、取り巻く人間関係や境遇など）に不満があるのであれば、カルマのつくり方を変えればよいのです。

ときどき「これは自分のカルマだから仕方がない」という言い方をして、不遇な運命をあきらめている人を見かけますが、それは「カルマは変えられないもの」という思い込みからの発言でしょう。

確かに、カルマは「奥の心（無意識）」に根付いた「心の癖」が生み出すものですから簡単に変えられないのは事実ですが、私たちが「変えよう！」という強い意志をもち、そのための努力を惜しまなければ変えることができるのです。

そして、カルマを変える方法をマスターすれば、今後の私たちの運命を自分の望む方向に変えることができるということです。

もともと「何のために生きるのか」という人生の目的は「よくないカルマを清算し、よいカルマをつくる生き方を身につける」と言ってもよいのです。そのことはこのあとの「生まれ変わり編」と「試練編」で詳しく説明していきます。

カルマとは原因と結果が繰り返されるメカニズム

「カルマ」の語源はサンスクリット語で「行為」を表す言葉だと言われています。私たちの行為が原因となって結果を生み、その結果が新たな原因となり、次の結果を生み出していくというメカニズムがカルマなのです。

このことを「お釈迦様の教え」とされる仏教では「因果応報の理」と呼んでいます。「因（原因）」が「果（結果）」を生むという一見非常にシンプルなメカニズムです。「因果応報」は文字通り「結果はその原因に対応した報いとして返ってくる」ということを言っています。

この「因と果」という言葉を使って、「カルマ」のことを「原因と結果の法則」とも呼んでいます。確かに、このほうが「カルマの法則」というよりも直接的で理解しやすいかも知れません。

しかしながら、では、原因（因）とはなにか、原因（因）と結果（果）はどのような対応関係にあるのか、といったことになると、なかなか理解がむずかしく、誤解されやすいようです。

カルマが「行為」という意味からきた言葉であることから、「原因（因）」をつくるのは私たちの「行為」であると考えてみましょう。

イエス・キリスト（新約聖書）も、カルマのメカニズムについて「自分がしてほしいと思うことを他の人にしなさい」、「自分がしてほしくないと思うことを他の人にしてはいけません」という表現をしていますので、「行為」がカルマの原因をつくると理解されがちです。この場合の「行為」とは、肉体を使って表現する態度や言葉のことと理解されています。ですからイエス・キリストの教えは「人のいやがる態度や言葉は慎みなさい」という意味にとれます。

しかしながら、イエス・キリストの教えとされる新約聖書の各福音書をよく読みますと、イエス・キリストが言っているのは単に言葉や態度などの目に見える行為のことよりも、むしろその行為の裏にある「心のはたらき」であることがわかります。

つまり、「なぜ（なんのために）そのような態度をとり、言葉を発したか」という、態度や言葉の裏にある「意図」や「動機」がカルマの原因となり、それにふさわしい結果を引き寄せてくるということを述べているのです。ですから、「カルマ」の「行為」としての側面は、私たちが肉体を使っておこなう「行為」というよりも、むしろ、「心のはたらき」という意味に理解しなくてはいけません。

人の「心」に与えたものが自分の「心」に返ってくる

ここで、今日大きな社会問題となっている「いじめ」を例にとって考えてみましょう。
「人をいじめる」という原因をつくったら、いつの日か自分が「人からいじめられる」という結果になる、というのがカルマの法則でしょうか。人を「いじめる」という「行為」に対しては自分が「いじめられる」という「行為」が返ってくる、と理解すればそうなります。

これがカルマが誤解されやすい点です。

もし「行為」という原因に「行為」という結果が返ってくると解釈するならば、では誰からもいじめられる恐れのない強い立場の人は、他者をいじめても自分がほかの人にいじめられることがないので、カルマのはたらきは及ばないことになってしまいます。これではカルマの法則は不完全と言わなければなりません。

次に、人が喜ぶ原因をつくったケースで考えてみましょう。
「困っている人にお金を恵む」という行為をした人は、こんどは「ほかの誰かからお金を恵んでもらえる」のでしょうか。

もしそうであれば、人にお金を与えれば与えるほど、自分のところにお金が返ってくることになります。

現実にはこういうことは起こり得ませんし、またカルマの法則はそういうことを言っているわけではありません。

先ほど少し述べましたが、カルマとは「奥の心（無意識）」に根付いた「心の癖」がこの現実世界にさまざまな出来事を生み出すメカニズムのことです。つまり、他者の「心」に与えたものと同じものが、いつの日か自分の「心」に返ってくることを言っています。

人をいじめたら自分もいじめられる？

「いじめ」の問題に戻って考えてみましょう。

「人をいじめる」という原因をつくったら、いじめた相手がそのとき感じたこと、「心」で思ったことを、いつの日か自分も「心」で体験する、ということになります。

いじめを受けた人は、おそらく恐怖心や、悲しい気持ち、絶望感などが心をよぎると思います。そのような「気持ち」にさせる原因をつくれば、いじめた人もいつの日かそれと同じような「気持ち」を味わうことになるということです。しかも、カルマの場合は「倍返し」ということになっています。他者に与えたものが何倍にも、何十倍にも大きくなって返ってくるのです。

誰からもいじめられる恐れのない人が、どうしてそのような「気持ち」を味わうことになるのか疑問に思うでしょう。「人をいじめれば、人からいじめられる」というのは単に肉体を使った行為としてのカルマの解釈でした。

「心」に与えたものが「心」に返ってくるという正しいカルマの解釈に立てば、返ってくるのは「人からいじめられる」という形とは限らず、病気や事故、経済的破綻、あるいは犯罪に巻き込まれるといった様々な形で、恐怖心や、絶望感などを味わうことになる、というのがカルマのはたらきなのです。

あえて「いじめ」という言葉にこだわるなら、「病気やけがにいじめられる」、「お金にいじめられる」、「犯罪者にいじめられる」といったところでしょう。

人を病気にしたから自分が病気になるのではない

このように「私たちの行為の結果は同じ行為として返ってくるとは限らない」ということを記憶しておいてください。そうでないと、たとえば「他の人が病気になる原因をつくった覚えのない人が、なぜ病気をするのか」という疑問に答えられないでしょう。「他者を病気にする」という原因をつくった記憶はまったくないのに、なぜ病気という形で結果が現れるのかが説明できないはずです。

また、カルマは「心」の問題ですから、他者との関係でなく、自分の「心」に自分が与えているものが原因となって、「病気」という結果を生み出すこともあります。病気を極端に恐れていると、本当に病気を引き寄せるということはよくあることです。これは、自分が自分の「奥の心（無意識）」にマイナスとなる情報を送り込む、という原因をつくっていることの結果です。

よいカルマとよくないカルマがある

カルマのことを仏教では「業《ごう》」とも呼んでいます。自業自得という場合の「業」です。自業自得を文字通りに解釈しますと「自分の業は自分が得る」ということになります。「自分がつくったカルマ（業）は自分のものになる」という意味です。

一般的には、自業自得という言葉は、何か失敗したとき、あるいは不運な状況に陥ったときに、「自業自得だから、誰にも文句は言えないよ」という形で使われます。つまり、「業」は「ありがたくないもの」、「文句を言いたくなるもの」つまり「嬉しくないもの」として理解されているのです。しかし、「業」にも「悪業」と「善業」があって、仏教では「業」をすべて「よくないもの」ととらえているわけではありません。

カルマを意味する言葉としての「因果応報」という言葉も仏教に由来する言葉です。この「因果」に関しても、「善因善果、悪因悪果」という表現があります。「よい原因をつくればよい結果が生まれる。悪い原因をつくれば、悪い結果が生まれる」とはっきり述べています。問題は、悪い原因は簡単につくれるのに、よい原因をつくるには一定の努力をしなくてはならないという点です。

カルマは「心」の問題ですから、感情や欲望のままに生きていればかならず「よくない原因」をつくり、いつの日か、その結果として痛い目に遭うことが多いため、カルマそのものが「よくないもの」と理解されやすいと言えるでしょう。よいカルマをつくるには、あるいは悪いカルマをつくらないためには、「身・口・意のコントロールが最も大切」と結論づけておきます。

「奥の心（無意識）」にどんな種を植えるのかが運命を左右するということです。

カルマの特長をよりわかりやすくするため、これから「カルマ」をお金にたとえて説明することがあります。たとえば「よいカルマ＝カルマ貯金」、「よくないカルマ＝カルマ借金」といった感じです。

ちなみに、カルマを「めぐり」と表現している「日月神示」でも、「めぐり」を「借銭」にたとえています。そして「身魂を清めて、早く借銭なしにしなさい」と戒めています。

カルマの善悪を判断する基準とは?

では、カルマの善悪を判断する基準はどこにあるのでしょうか?

お釈迦様（ブッダ）の教えるカルマの善悪は非常にシンプルでわかりやすいものです。人間の立場でわかるような説明になっています。自分がその結果を受け取ったとき「嬉しい」と思うものが「よいカルマ」、受け取って嬉しくない、辛い、くやしい、腹が立つ、といった気持ちになるのが「よくないカルマ」というわけです。

イエス・キリストも「自分が受け取りたくないことを他者にしてはいけない」と教えています。

これを道徳律として理解すると、「他人のいやがることはしてはいけません。それが人間として大切な生き方です」という理解のしかたになるでしょう。

その結果、「立派な人は、他人のいやがる行為はしないけれど、普通の人や劣った人がついつい他人のいやがることをしてしまうのは仕方がない。大目に見てもらおう」ということになってしまいます。

カルマの法則は「よい子になるための教え」ではない

かつての日本の親たちは、たとえば先ほどの「いじめ」の問題であれば、「弱い者をいじめてはいけません」と教え、それが人間としての正しい生き方であり、そのような心の持ち方を身につけることを「修身」として大切にしてきました。立派な人間になるための徳目として教えてきたのです。

それは教えとしては非常に素晴らしいと思いますが、その教えをすべての子どもが守るかとなると、そうはいかない気がします。特に子どもの場合は、「立派な人間になる」ことよりも、とりあえずは目先の自分の利益（嫌な相手を懲らしめることの快感など）を優先して、道徳律を守らないケースは十分考えられます。それが、その子どもの「心の癖」となり、大人になっても弱い立場の人をいじめる性格が身につくのです。

今日でも職場における上司のパワハラが大きな問題になっていますが、これこそ「一度身についたいじめ癖はなかなか直らない」ことを表しています。

このように、「いじめはよくない」ということを道徳律として理解すると、人の性格（心の癖）を変える力が弱いということです。

これがカルマの考え方では、「人をいじめたら、自分が将来その何倍もいじめられる原因をつくることになる」ということですから、いじめる場合にはその覚悟が必要となります。しかも、相手に与えたダメージよりもはるかに大きなダメージが自分に返ってくるということなので抑止効果は大きいでしょう。いじめるときの快感は、やがてその何倍もの苦痛や屈辱となって自分にふりかかることが理解できれば、弱い立場の人をいじめることもできなくなるはずです。

カルマを道徳律(よい子になるための教え)と解釈してはいけないのは、こういう理由からです。

カルマの種は忘れた頃に実を結ぶ

カルマの法則の最大の問題は、その因果関係がわかりにくいということです。

さきほどからのたとえの「いじめ」のように、「人をいじめたら自分もいじめられる」というほど簡単ではないのです。

カルマの原因と結果の関係がわかりにくい理由の一つに、「結果が返ってくるのが遅い」ということがあるでしょう。

「天災は忘れた頃にやってくる」ということわざがありますが、人が地震や火山の噴火などを恐れているときには、天災は起こらないことを言っています。というか、まったくその心配がないと思われる場所が天災に見舞われるのです。

この理由は、「見える心（顕在意識）」がはたらいているときは「奥の心（無意識）」にあるカルマは出てこないからです。

これは願いごとの場合でも同じです。あることを強く望み、願い続けているときには願いは実現せず、逆に、願いごとの内容はおろか願ったことさえ忘れてしまった頃に、その願いがひょんなことから叶うのです。

わが国初のノーベル物理学賞を受賞した湯川秀樹博士が、その受賞の理由となった中間子理論を思いついたのは、風呂に入ってのんびりとくつろいでいるときだった、と述懐されています。あれやこれやと検討しているときは「奥の心（無意識）」の扉が開かないのです。

カルマは「奥の心（無意識）」に貯蔵されているわけですから、自分がつくった原因のことを忘れた頃に結果が現れるということです。これではなかなか因果関係を理解するのは難しいですね。

「原因」はなぜ「植物の種」にたとえられるのか

つぎに、カルマの原因のことを植物の種にたとえるのはなぜかということを考えてみましょう。「種」の特徴として次の二つがあります。

① 種が芽を出し、育って実をつけるまでに時間がかかる。
② 一粒の種（原因）がたくさんの実（結果）をつける。

まず「種が実を結ぶまでには時間がかかる」ということから考えてみましょう。

カルマもそれが大きく育って私たちの運命に影響を及ぼすまでには一定の時間がかかるのです。結果がすぐには返ってこないために、私たちは自分が過去に原因をつくったことに気がつかず、また気づいていたとしても、そのことを忘れてしまうのです。ですから、私たちがカルマの因果関係を理解することは難しいのです。

カルマの元となるのは「奥の心（無意識）」に根付いた「心の癖」ですから、私たちが「身・口・意」を通じて「奥の心（無意識）」に刻んだ内容が一定のボリュームにならないと、カルマとしてこの世界で現象化することはないのです。それはあたかも、「奥の心（無意識）」という畑に植えた種が芽を出し、大きく育って実をつけるというイメージによく似ています。そのため、「身・口・意」がつくった原因が「種」に、その結果が「実」にたとえられるのです。

私は、カルマが結実するプロセスを、日本庭園で見かける「添水《そうず》」のイメージで理解することにしています。竹筒に水が流れ込んで、一定の量になるとその重みで竹筒の水がどっとこぼれ、反動で戻った竹筒が土台の石に当たって「カーン」という音を立てます。その音が静かな庭園内に響き渡るのです。

この「カーン」という音が、カルマがこの世で現象化したことを意味します。水は「身・口・意」、竹筒は「奥の心（無意識）」ということになります。私たちは、意識することなく水を竹筒に流し込んでいるのですが、それが一定の量になるまでは結果を見せないのはこのようなメカニズムだからです。

ただし、「奥の心（無意識）」のカルマが一定量になったら、かならず現象化するかといいますと、そうとは限りません。竹筒の大きさは個人ごとに違いますし、カルマの種類によってはなかなか現象化の機会が生まれない性質のものもあるからです。

この人生で現象化することなく、生まれ変わった次の人生に持ち越されるカルマも多いと思われます。そのあたりの事情は次の「生まれ変わり編」で触れてみたいと思います。

一粒のカルマの種がたくさんの実をつける理由

次に「種」の二つ目の特徴について考えてみましょう。

柿の木を想像してみてください。もとは一粒の柿の種が、芽を出し、木になって、たくさんの実をつけます。「一粒だから大したことはない」と思っていると、収穫時には圧倒されることになります。もちろん、柿が好きな人は大変ありがたいと喜んで収穫することでしょう。これはその人にとっては「よいカルマ」ということになります。

逆に、柿を食べるとアレルギーで苦しむ人は、自分が植えた柿を全部自分が食べなくてはいけないので悲鳴を上げることになるでしょう。辛い苦しい運命が次々と降りかかってくるという形で「よくないカルマ」を消化していくことになるのです。

この柿のたとえのように、「よくないカルマ」を些細なことと思って軽視していると、やがては大きく育って自分に降りかかってくることになります。

では、「一粒の種」がなぜそんなにたくさんの「実」をつけるのかということについて考えてみましょう。

実は、私たちが種をまくのは一回あたり一粒だったとしても、それを二回、三回とくり返すうちに癖になり、いつのまにか「奥の心（無意識）」に定着していくのです。そうすると、それが「心の癖」となって、ますますたくさんのカルマの種をまき続けることになります。

野菜の好き嫌いを例に考えてみましょう。

あなたが、ニンジンが嫌いだとします。そうすると、ニンジンを見るたびに「嫌い」という気持ちが心をよぎることになります。このとき種がまかれるのです。そのうち「ニンジンが嫌い」というのはあなたの「心の癖」となり、「奥の心（潜在意識）」で芽を出し、育っていくことになります。ニンジンを見るたび、あるいはニンジン料理を思い浮かべるたびに種はまかれ、「心の癖」は固められるのです。

この「ニンジン」を「嫌いな人」に置き換えて考えてみてください。その人に会ったり、その人の噂を聞いたり、思い浮かべたりするたびに、「嫌いだ」という思いの種が「奥の心（無意識）」にまかれるのです。「ニンジン」を「苦手なスポーツ」に置き換えても、同じことが言えます。

このようにして、種は頻繁にまかれることになり、それが大きく育って、収穫をする段階になると非常にたくさんの実を食べなくてはならなくなるのです。

眠っている間にもカルマは大きく育つ

カルマについて書かれた書籍はたくさんありますが、『チベットの生と死の書』（ソギャル・リンポチェ著／大迫正弘、三浦順子訳／講談社）も大変参考になる一冊です。そのなかに次のような一文があります。

私たちの心には「通常の心の基盤」と呼ばれるものがある。そのことを十四世紀の傑出したチベットの師ロンチェンパは次のように語っている。

「それはいまだ悟りにいたっていない、どっちつかずの状態である。心と精神作用の範疇に属し、すべてのカルマの因《もと》となるものであり、輪廻と涅槃の道となるものである」

それは倉庫のようなものだ。煩悩によって引き起こされた過去の行為による心理的刷り込みのすべてが、種のように貯えられているのである。条件が整ったとき、それらは芽を吹き、人生を取り巻く環境と境遇として現れる。

この「通常の心の基盤」は銀行のようなものだと思えばいい。そこにはカルマが心理的刷り込みと習癖という形で貯えられている。肯定的であれ否定的であれ、ある特定の思考パターンをとる癖があると、その癖はいとも簡単に刺激され誘発されて、いつまでも何度も繰り返される。この頻繁な繰り返しによって、わたしたちが眠ってるあいだにも、癖と習慣は着実にその根を深め、力を強め、強大化してゆく。このようにして、わたしたちの生は、死は、再生は、決定されてゆくのである。

――『チベットの生と死の書』（ソギャル・リンポチェ著／大迫正弘、三浦順子訳／講談社）

「心の癖」とカルマの関係が短い文章のなかに的確に表現されています。

ここで「通常の心」と表現しているのは「見える心（顕在意識）」で、その「見える心（顕在意識）の基盤」となっているのが「奥の心（無意識）」です。

そして「奥の心（無意識）」が、すべてのカルマの原因になるということです。

「奥の心（無意識）」は「通常の心（見える心）（顕在意識）」の倉庫のようなもので、そこにカルマは「心理的刷り込み」と習癖という形で蓄えられている」とあります。

「心理的刷り込み」とは、たとえば「私は体が弱いから、寒いときに薄着をするとすぐに風邪を引く」といった考えのことです。それは子供のころ親から何度も言われて思い込まされていることかもしれません。

その結果、冬になって急に寒波が訪れたりするとすぐに風邪を引いてしまい、「ああ、私はやっぱり寒さに弱いんだ」という信念を固めるのです。この「思い込み」「信念」がカルマになるということです。

「習癖」とは、たとえば「涙もろい」とか「すぐに腹を立てる」といったことです。涙もろい人は、ちょっと感動的なドラマを見たりするとすぐに目に涙を浮かべます。

それが習癖となり、「奥の心（無意識）」にくり返し貯蔵されることになると、ますます涙もろくなっていく、ということを述べています。「すぐに腹を立てる」という習癖も同じことになります。

このような「心の癖」はいとも簡単に刺激され、誘発されて、何度も繰り返されることで、眠っている間にも着実にその根を深めていくのです。

そして、条件が整ったとき、カルマの種は芽を出し、「人生を取り巻く環境と境遇として現れる」のです。カルマが人生をつくっているということです。

さらに、注目は最後の一文です。

「このようにして、わたしたちの生は、死は、再生は、決定されてゆくのである」

「生」は人生で体験する内容、「死」は死ぬ時期や死に方、「再生」は次の生まれ変わり（転生）

の状態、と考えてよいでしょう。この人生でつくったカルマの内容によって、次の人生ではどのような境遇に、どのような運命を背負って生まれるかが決まるのです。

カルマの法則を軽視することの恐ろしさが伝わってくる内容となっています。

自分がまいた種は自分が収穫する（収穫の法則）

カルマの種をまく「畑」には二種類あります。「畑」とは「奥の心（無意識）」です。

ひとつは自分の畑、もう一つは他人の畑です。どちらの畑に種がまかれたかによって結果の返りかたが違ってきます。

最初は自分の畑にカルマの種をまいた場合です。

この場合は、「自分がまいた種は自分が収穫をする」というシンプルな法則です。

「いつ、どんな種をまいたか」ということについて、ほとんどの人は自覚がないと思いますが、私たちが人生で体験する運命はすべて、私たち自身が過去につくった原因の結果なのです。「収穫する」とは、それが心地よい運命であれ、苦しみや痛みを伴う運命であれ、現在の人生で体験するということを意味します。人生に偶然ということはなく、すべてカルマの内容によって設計され、日々更新される新しいカルマによって動いているのです。他人や世の中のせいにすることもできません。

次の点を確認しておきましょう。

① この人生で体験していることの原因はすべて自分がつくった。
② 原因が生み出す結果はすべて自分が収穫しなくてはならない。

心地よい運命に遭遇すると、多くの場合「幸運だ」と喜びます。

逆に、苦しく、辛い運命に対しては、「不幸だ」「ついていない」と嘆き、怒りの気持ちに駆られたり、落ち込んだりと、いろいろな反応をします。

その反応の仕方が新しい原因をつくって、次の運命へとつながっていくのです。

自分がまいた種（原因）が成長して実（結果）をつけたら、すべて自分が収穫して食べなくてはならない――と覚悟を決めておかなくてはいけません。

よくないカルマの収穫には苦しみが伴う

この世でまいた種は「奥の心（無意識）」に貯蔵されてカルマとなります。

善くないカルマは「心を痛める出来事」として現象化しますので、その収穫は苦しみを伴います。「苦しみ」を内容によって分類すると、次の三つに分けることができます。

①　健康面での苦しみ。
②　経済的な面での苦しみ。
③　人間関係の面での苦しみ。

①～③を個別に収穫することもありますが、多くの場合は複合的な形で現象化します。たとえば、政治家であれば選挙で落選すれば収入源を失います。（経済的な面での苦しみ）人間関係も変わるでしょう。今までペコペコしていた周りの人が突然よそよそしくなったりするかもしれません。（人間関係の面での苦しみ）
そのことにショックを受け、落胆して元気をなくしていると、最後は病気になるかもしれません。（健康面での苦しみ）
まさに踏んだり蹴ったりですね。
このように三つそろったカルマの現象化はまずないでしょうが、国民を食い物にするような悪徳政治家がいれば、「よくないカルマのそろい踏み」があってもおかしくないかもしれません。

カルマのもととなる「心の癖」が運命を引き寄せる

「収穫の法則」は「引き寄せの法則」や「類は友を呼ぶ法則」などとも呼ばれています。「奥の心（無意識）」に植えた「心の癖」が、その「心の癖」と同じ波長のものを運命として引き寄せるからです。

たとえば「私は体が弱い」という「心の癖」を根付かせている人は、体が弱い状態、すなわち病気を引き寄せることになります。自分の「奥の心（無意識）」には、それまでの人生で繰り返し使ってきた「心」の使い方が習慣となって蓄積されています。それを普通は「性格」と呼んでいますが、別の言葉で言えばその人固有の「思い込み」であり「信念体系」です。「奥の心（無意識）」は信じるものを引き寄せる力があるのです。

これ以降はこのカルマの特長である「収穫」と「引き寄せ」を合体して「収穫の法則（引き寄せの法則）」と表記していくことにします。

他者の心に与えた影響は自分に返ってくる（循環の法則）

さて、次はカルマの種を他人の心にまいたケースです。他人の心に種をまくことはできませんので、この場合は「他人がカルマの種をまく原因をつくった」ということになります。つまり、私たちの「身・口・意」が他人の「心」に影響を与えた場合のカルマの結果はどうなるのか、ということです。

私はこれに「循環の法則」と命名していますが、一般的にカルマの「ブーメランの法則」と呼ばれています。自分が投げたブーメランが他の人に当たったあと、自分のところに返ってくるという動きにたとえたものです。

このブーメランは、投げた相手に当たらなくても返ってきます。つまり、投げた「理由」や「動機」に応じた結果が返ってくるということです。

「人を呪えば穴二つ」ということわざがありますが、人に投げた「呪う気持ち」は、相手がそれによって傷つかない場合でも、自分のところに返ってくるということです。

その「結果」は「ますます呪いたくなるような運命」という形になります。

また、これとは逆に、善意で投げたブーメランでも、それによって相手が傷つけば、返ってくるのは「自分の心の痛み」という形になります。

小さなことでは「親切の押し売り」や「要らぬお節介」などの「ありがた迷惑」な行為です。深刻な例としては「ストーカー行為」があげられます。「愛する人を守ってあげたい」という善意の行為が、実は相手にとって苦痛と恐怖であれば、その苦痛と恐怖の見返りを受け取ることになるのです。

「情けは人のためならず」はカルマの法則を表している

「循環の法則」をブーメランにたとえると、カルマの特長が誤解されやすいという欠点があります。ブーメランは投げたものがそのまま返ってくるので、他者に与えた衝撃と同じ程度の衝撃が返ってくると解釈されるからです。

そういう意味で、「循環の法則」はむしろ「ドミノ倒し」にたとえるほうがカルマの特長をよく表しています。最初は小さな力で押したドミノが倒れて次のドミノを倒し、そのドミノがまた次のドミノ……という形で、次々と押し倒していくうちに加速がついて、最後のドミノが自分のところに返ってくるときは、はるかに大きな「倒す力」となっています。

人間社会もこれとよく似ています。「押す」を「怒る」という「身・口・意」にたとえて考えてみてください。

あなたがある人に対して怒りの気持ちを言葉や態度に表したとします。その人は意気消沈したり反発したりと、心は穏やかではなくなるでしょう。そのうち、今度はその人が何かのきっかけで別の人に対して怒りを爆発させることになります。そのようにして怒りは連鎖し、循環して、いつの日かあなたのところに返ってきたときは、あなたが逆らうことのできない強い立場の人からの怒りの「身・口・意」を受け取ることになるのです。

「情けは人のためならず」ということわざはこの原理を表しています。「怒り」の代わりに「親切（情け）」を例にとって、「人にかけた情け（親切）は、めぐりめぐって自分に返ってくるのだよ。だから、人のためにすることは自分のためにすると考えなさい」という教えはまさにカルマの「循環の法則」そのものです。この場合は、「親切」の連鎖ということで、ある人に与えた親切な行為が、次々と連鎖し、循環してやがては自分に対する他者からの親切となって返ってくるということです。

カルマの法則を説いている「大本神諭」や「日月神示」などの日本の神さまの教えでは、カルマのことを「めぐり」と表現しています。「めぐりめぐって自分にもどってくる」という意味で、この「循環の法則」をうまく表現しているのがわかります。

今後はカルマの「循環の法則」を「循環の法則（ドミノ倒しの法則）」と併記していくこと

にします。また、カルマの法則もわかりやすくするため「カルマの法則（原因と結果の法則）」と表記します。

カルマの結果は原因の「倍返し」になる

ここでカルマの法則（原因と結果の法則）の要点を整理しておきます。

カルマの法則（原因と結果の法則）は、大きい意味では人に覚醒を促すという意味で「覚醒の法則」と呼ぶべきものです。あるいは、自分がつくった原因の結果はすべて自分が引き受けることになる、という意味で「自己責任の法則」と言うこともできます。

これに加えて、みんなでつくった原因の結果を引き受けることになります。日本国民がみんなでつくった原因の結果は、日本人みんなで引き受けるということです。これは「連帯責任の法則」とも呼ぶべき特長です。

それでは最後に、カルマの二つの特長を確認しておきましょう。

◆カルマの法則（原因と結果の法則）の二つの特長

①　収穫の法則（引き寄せの法則）

自分の「奥の心（無意識）」にまいた種が大きく育ち、たくさんの実をつける。その実はすべて、まいた本人が食べることになる。

②　循環の法則（ドミノ倒しの法則）

他人の「奥の心（無意識）」に与えた影響はドミノを倒すように次々と人に影響を与えていき、最後は自分のところに何倍もの大きな力となって返ってくる。

①は、自分がまいた種よりもたくさんの実を収穫することになります。
②は、倒したドミノが何倍もの大きな力で返ってきます。
まさに、「倍返し効果」と表現すべきカルマの特長です。

第3章　生まれ変わり編

――現在の人生を計画したのは自分自身。では責任はどこ？

人は一回の人生で最終的な格付けが決まるのか？

「カルマ編」の結論は「魂を磨くためにカルマのはたらきがある」ということでした。

もし人生が一回限りということであれば、私たちはこの人生でつくった「カルマ借金」を遺したまま人生の幕を閉じることになります。魂を成長させる機会は永遠になくなってしまうのです。

今の世の中を見回しますと、自分の損得を抜きにして世のため人のために献身的に奉仕している人もいれば、反対に自分の利益のために犯罪に手を染める人もいます。人を善悪の物差しで分けるとすれば、善人と悪人には大きな違いが生まれているのです。

生まれ変わり（転生）を認めていない宗教の場合は、死後において人は審判にかけられ、一度の人生におけるおこないの善し悪しによって、「天国行き」か「地獄行き」のパスポートをもらうことになっています。

「天国行き」のパスポートをもらった人（魂）は、ハッピーエンドです。天国で楽しく暮らしていけることになります。ハッピーな暮らしが保証されて「めでたし、めでたし」です。以後は苦しみや悲しみを味わう必要はなくなるのです。

逆に、「地獄行き」のパスポートをもらった人（魂）は、それからは永遠の苦しみを味わい続けることになっています。一度の人生でのおこないが悪かったことで、永遠の地獄暮らしということになるのです。

はたして人は、たった一度の人生におけるおこないで格付けされて終わるものなのでしょうか。もしそうであれば、人生のスタートラインである誕生の時の状態にあまりにも大きな差があるのはどうしてでしょうか。

肉体の面では容姿や体型、体力、健康状態、境遇の面では親の社会的地位や経済状態など、この世で生きていくために恵まれた環境や境遇に生まれてくる人（魂）もいれば、その正反対の人もいます。

肉体に深刻なハンディキャップを持って生まれたり、親に経済力がないため子供の時から家出してマンホール・チルドレンとなり、学校にも行けないまま放浪生活を余儀なくされる人もいます。生きていくために子供の時から犯罪に手を染めることも避けられず、悪人のレッテルを貼られたまま短い人生を終える子供も多いのです。

一度しかない人生であれば、あまりにも差がありすぎるのはおかしいと思いませんか？

それは神様が投げたサイコロのいたずらでしょうか？

神様の投げたサイコロの目によってそのような格差が生まれるのであれば、神様はあまりにも意地が悪いか、思慮の足りない存在ということになるでしょう。

生まれ変わり（転生）を認めない場合は、このように人（魂）が生まれた環境や境遇に大きな差がある理由を説明することができないのです。

死ねばわかるが、そのときではもう遅い

このように、人（魂）の生まれ変わり（転生）を認めないと、人生の目的を語ることはできないのです。「人は生まれ変わるのかどうか」という問いに、「証拠はあるのか」という物質科学的な考え方をするのでなく、「何のために生まれ変わるのか」という視点から考える必要が

あります。

でも、大丈夫です。死ねばだれでもわかるのですから。

生まれ変わり（転生）に半信半疑の人も、あの世（霊界）に行ってから、「あ、ほんとだ！人は生まれ変わるんだ！」と気づくことでしょう。

でも、これからの残りの人生において、生まれ変わり（転生）の意味について考えることもなく、また、今回の自分の人生の目的について問い直すこともなく一生を終えれば、あの世（霊界）に行ってからかならず後悔することになるはずです。

いま生まれ変わり（転生）の意味について理解すれば、これからあとの生き方が大きく変わるでしょう。当然、次の生まれ変わり（転生）の条件も著しく有利なものになるはずです。何が有利なのかは、本章を読み終えればきっとわかります。

本章では、そのような生まれ変わりの意味とメカニズムについての素晴らしい研究成果をご紹介し、生きる意味、人生の目的について考えていきます。

ただし、「生まれ変わり（転生）があるかどうか」を証明することが目的ではありません。

そもそも、生まれ変わりを信じない（信じることができない）人に対して、どういう形をとれば「証明した」ことになるでしょうか。

最終的には、本人が肉体のままあの世（霊界）に行き、霊界の知人（すでに他界している人）

に会って話を聞いたりしたあと、肉体のままこの世に戻ってくる以外に方法はないでしょう。それでも、疑い深い人は後になって「あれは幻覚だったのかもしれない」と疑いはじめるかもしれません。疑う人はどんな証拠を見せられても疑うからです。

そのことを、後でご紹介する『「死ぬ瞬間」と死後の生』（E・キューブラー・ロス著／鈴木晶訳／中央公論新社）の著者で医師のキューブラー・ロス博士は次のように述べています。

信じたい人は信じるし、知りたい人は答えを見つけます。しかし準備のできていない人は、一万五千件の例を見せたって一万五千件の合理的な説明を思いつくのです。それは彼らの問題なのです。

――『「死ぬ瞬間」と死後の生』（E・キューブラー・ロス著／鈴木晶訳／中央公論新社）

「それは彼らの問題なのです」という最後の一言を記憶にとどめてください。

生まれ変わり（転生）を信じるかどうかは自分の問題ということで、他の人に「証明してください」と求めるものではないということです。なぜなら、それを信じることができない人は「準備のできていない」人だからです。

準備ができてないって？　何の準備？

その答えは、本章を読み終えればわかりますが、私の解釈は――「人生の目的に沿った生き方をはじめる準備」――ということです。

これから本当に意味のある人生を送るためには、生まれ変わり（転生）について正しく理解することが早ければ早いほど有利である、と結論づけておきます。

科学的に証明されなくても「あの世（霊界）」はある

生まれ変わり（転生）について考えるためには、あの世（霊界）の存在を認めなければなりません。あの世（霊界）とは「死んだ後に行く世界」、あるいは「生まれる前にいた世界」ということになります。

最近では「死後の世界」という表現が一般的になっていますが、生まれ変わり（転生）について考えるときは「生まれる前の世界」としてとらえるほうが適切です。なぜなら、人は「生まれる前の世界」において、人生の計画を練ると言われているからです。

現在の人生がどういうものであれ、それは生まれる前にあの世（霊界）で計画したものだから、その責任はすべて自分にある、ということが明らかになっています。

もちろん、現在の人生の幕を閉じてあの世（霊界）に行けば、そこは「死後の世界」ということになります。ですから、本書では両方の意味を合わせて「あの世（霊界）」という表現を使っていきます。

いずれにしても、あの世（霊界）の存在は物質科学では証明できません。しかし、「あの世（霊界）はない」と証明されたわけでもありません。

たとえば、五感による感知能力が人より優れていると思われる犬や猫などの動物は、人には何も見えない空間に向かって吠えたり、毛を逆立てたりする事例がたくさん報告されています。動物たちには人には見えない何かが見えているのです。

しかし、その「何か」を物質科学的には把握できないため、「幻覚」ということにされてしまいます。

もし「あの世（霊界）」の存在についてマジに研究しようとすれば「科学者」という看板を下ろさないといけないことになり、社会的地位を失うことになるでしょう。ですから、科学はあの世（霊界）の問題には「幻覚」というレッテルを貼って、表面上は研究対象から遠ざけているのです。

生まれ変わり（転生）の根拠にはどんなものがあるのか

「生まれ変わり（輪廻転生）」の根拠としてここで採用するのは★①～★④の四点です。

★①　退行催眠により前世の記憶を語らせた内容。

アメリカ合衆国の精神科医であるブライアン・L・ワイスによって催眠療法中に「前世記憶」が「発見」され、一九八六年に出版された本"Life Between Life"（邦題『前世療法』）で世に知られるようになった。退行催眠療法により出産以前に遡った記憶（前世記憶）を思い出すことにより現在抱えている病気が治ったりと治療に役立つともされ、多くのケースで施行された。（ウィキペディアより引用）

★②　子供が語った前世記憶の内容。

二歳から四歳くらいまでの子供は自分の前世を記憶しているらしく、その語る内容を現地を訪ねて検証してみることによって事実であることが確認できた事例も多い。

★③　臨死体験者の報告。

病気や事故により心停止状態になって死亡が確認された人が、その後蘇生して、「死亡」中の体験を語るというもの。死者でありながら身体感覚を有し、事故現場や病室に横たわった自分の死体と、それを処置する医師などの動きを観察していて、蘇生したあとで詳細に報告している。

★④　あの世（霊界）の存在から送られてきたメッセージ。

欧米では一八四〇年ごろから、死者の霊と交信する交霊会が盛んになり、信頼できる通信も多数傍受するようになった。なかでもシルバー・バーチと名乗る高級霊からの通信は霊界の諸相について矛盾のない内容を語っており、その内容は世界各国で翻訳出版されている。

それでは、★①〜★④について代表的なものを紹介していきます。

被験者全員が数多くの過去世を持っていた

★①　退行催眠により前世の記憶を語らせた内容。

ここでは、精神科医であり催眠療法の権威として知られるジョエル・ホイットン博士の研究について述べた内容を参照します。

以下は『ホログラフィック・ユニヴァース』（マイケル・タルボット著／川瀬勝訳／春秋社）からの引用です。

トロント大学医学部の精神科教授ジョエル・ホイットン博士も、人々が自分について無意識のレベルで知っていることを研究するのに催眠術を用いてきた。しかし、臨床催眠術の専門家であると同時に、神経生物学の学位ももつホイットンは、未来のことを質問するかわりに、過去、正確に言うと、それも遠い過去のことについてたずねるのである。ここ数十年のあいだ、静かに、そして騒がれることもなく、ホイットンは、生まれ変わりの存在を示唆する証拠を集めてきたのだ。

（中略）

この研究調査を行なうにあたって、ホイットンは中核となる被験者を三〇人ほど集めた。この人たちは社会のあらゆる分野から集められ、トラックの運転手からコンピュータ科学者までを含んでおり、生まれ変わりを信じる人も信じない人もいた。そして彼らは一人ひとり催眠術をかけられ、ホイットンは文字どおり何千時間という時間をかけて、自分の前世とされるものについて彼らが語ったことをすべて記録したのである。

比較的大まかな内容とは言え、集められた情報は興味のつきないものばかりである。ひとつ際立っている側面は、被験者の体験がかなりの部分一致していたということだ。全員が自分には数多くの過去世があったと言い、なかにはそれが二〇から二五もあるという人もいたが、ホイットンが「原始人の前世」とよぶところまで退行すると、そこが実質的な限界となり、ひとつの前世が他のものと区別がつかなくなってしまった。全員が魂には男女の性別がないと語り、多くの人たちは、少なくとも一度は現在の自分と違う性として生きた経験がある。そして全員が、人生の目的は進化し学んでいくことであり、何度も生まれ変わりを繰り返すことによってその機会が与えられていると述べている。

――『ホログラフィック・ユニヴァース』（マイケル・タルボット著／川瀬勝訳／春秋社）

ホイットン博士の研究に協力した三〇人の被験者は、社会のあらゆる階層から集められており、生まれ変わり（転生）を信じない人も含まれています。

しかし、自分の前世として彼らが語った内容は、かなりの部分で一致していたのです。

その一つが「数多くの人生があった」ということです。前世の前世、そのまた前世という形で、なかにはそれが二〇以上あったという人もいました。

また、魂には男女の区別はなく、それぞれが一度は現在の自分の性とは違う性として生きた経験があったということも共通しています。

最も注目すべき内容は、「人生の目的」について全員が「進化し、学んでいくこと」と答えている点です。

これこそ「生まれ変わり（転生）」の理由であり、「人生は何のためにあるのか」「人は何のために生きるのか」という疑問に対する答えと言ってよいでしょう。

前世の衝撃体験はトラウマとして引き継がれる

ホイットンはまた、これらの体験が実在した人物の人生であったことを強く示唆する証拠も発見している。ひとつ驚くべき特徴は、前世の記憶が、被験者の現在の人生で表面上はまったく無関係に見える数々の出来事や体験を説明できる力をもつという点だ。たとえば、ある被験者の場合、カナダで生まれ育った心理学者だったが、子供の頃、不思議なことに言葉に英国のアクセントがあった。また、足を折ることに対して異常な恐怖心を抱いており、飛行機恐怖症、爪を噛む悪癖、拷問に対する異様な興味があり、また、一〇代の頃に受けた運転免許のテストの最中に、ペダルを踏んだ直後、自分がナチの将校と同じ部屋にいるという謎めいた幻視体験をしていた。催眠状態で、この男性は前世で第二次世界大戦中に英国軍のパイロットであった記憶を呼び起こした。ドイツ上空での攻撃の際に、彼の飛行機は砲弾の雨を浴び、その一発が機体を貫通して彼の足の骨を砕いた。これが飛行機を操縦するペダルのコントロールを失う結果を招き、不時着を余儀なくされたのである。彼はナチに捕えられ、情報の提供を強要されて、生爪をはがされる拷問を受けたのちに、まもなく死を迎えたのだった。

——『ホログラフィック・ユニヴァース』（マイケル・タルボット著／川瀬勝訳／春秋社）

カナダで生まれ育った被験者が、子供のころの言葉に英国のアクセントがあったり、飛行機恐怖症で、拷問に対する異様な興味があったのは、前世で英国軍のパイロットだったためであることが判明しています。

このことから、衝撃的な体験は「奥の心（無意識）」に強く刻まれるため、次の人生ではトラウマの形で現れることがあると考えられます。

また、被験者の多くは、前世で起きた深い傷を伴なう体験の記憶のベールをはがすことによって、心理的、肉体的に深く癒されるのを感じるとともに、自分が生きた前世の時代の歴史的背景についても、気味悪いほど正確な詳細を提供した。自分がまったく知らない言語を話す者もいた。三五歳になる行動科学者の男性は、ヴァイキングとしての過去世を再体験している最中に何か言葉を発したが、のちにこれは古代スカンジナビア語であることが言語学の権威によって確認された。古代ペルシアまで退行したこの同じ男性は、クモの巣が踊っているようなアラビア語らしき文字を書きはじめ、これものちに、紀元二二六年から六五一年の間に栄えたというメソポタミアの言葉で、もう絶滅して久しいササニド・パーラヴィ語そのままであると、中近東の言語の専門家によって確認された。

――『ホログラフィック・ユニヴァース』（マイケル・タルボット著／川瀬勝訳／春秋社）

多くの被験者は、自分が生きた前世の時代の歴史的背景について正確に詳細を語っています。なかには古代の言葉を話したり書いたりする被験者もいたということです。

現在の人生で入手できない知識を披露できた理由は、生まれ変わり（転生）を認めない限り説明できないでしょう。

人は「生と生の中間領域」で次の人生の計画を練る

しかし、ホイットンの最も特筆すべき発見は、生と生の中間領域に被験者たちを退行させたときに起きた。この光に満たされたまばゆいばかりの領域では、「私たちが知るような意味での時間も空間も存在しない」。ホイットンの被験者たちによると、この領域は、次の人生を計画するためにあるという。将来ふりかかる重要な出来事や状況について、文字どおりその概略を当人に決めさせるためにあるのだ。だが、このプロセスは、お伽話のように望みをかなえるといったものではない。ホイットンにわかったのは、人間がこの「生間」領域にいるときには、普通とは異なる意識状態に入り、そこでは自己意識のレベルが著しく向上し、道徳的、倫理的にも高い意識をもつということであった。それに加えて、自分の短所や過ちを、何とか言い訳をつけて正当化することがもはやできなくなり、完全な正直さをもって自己を見つめるようになるのである。私たちの通常の意識と区別するため、ホイットンは良心がきわめて強いこの精神状態を「超意識」(metaconsciousness)とよんでいる。

――『ホログラフィック・ユニヴァース』(マイケル・タルボット著/川瀬勝訳/春秋社)

ホイットン博士が退行催眠の実験中に発見したと言われる「生と生の中間領域（ホイットンは「生間領域」と呼んでいる）」の存在は、人がなぜ、何のために生まれ変わるのかという疑問に対する明快な解答を引き出すことになりました。

時間も空間も存在しないこの「生と生の中間領域」は、魂が次の人生を計画するためにあるというのです。

しかも、この「生と生の中間領域」で次の人生を計画するときの魂は、意識のレベルが著しく向上するのです。ホイットン博士は、良心がきわめて強くなるこの精神状態を「超意識」と呼んでいるとありますが、これはおそらくハイヤーセルフと呼ばれる存在からの干渉があってのことでしょう。魂を導く役割を担っている守護霊が乗り移ってはたらきかけるため、本人の意識レベルより遥かに高い意識状態になるものと考えられます。

そのため、もし本人が「楽得思考」を選ぶような意識のレベルであったとしても、おとぎ話のように望みをかなえる計画とはならないのです。

なお、私たちの守護霊はこの世（物質界）においても常に私たちに思念を送って指導していると言われています。しかしながら、物質界は波動が粗いため、なかなか本人が守護霊からのメッセージを認識できないのです。

また、守護霊からのメッセージは「ふと思う」といったひらめきや直観の形で届きますが、すべて自分が考えたことのように感じられるのが特長です。

次の人生を計画するときには道徳的な義務感を持つ

このため、被験者たちが次の人生を計画するときには、道徳的な義務感をもってこれを行なうのである。前世で自分が何か過ちを犯してしまった相手とまた一緒になるように生まれ変わることを選び、自分の行為の償いができる機会をつくるのだ。いくつもの生を通して、愛にあふれ、互いに得るところの多い関係を築き上げた自分の「魂の友」との楽しい出会いを計画したり、「偶然の」出来事の数々も組み込んで、まだ学ぶべきことを学び、果たすべき目的を果たすことができるようにするのである。ある男性は、自分の次の人生を計画するときには、いくつかの部品を入れると特定の結果が起きるようにできる一種の時計仕掛けの装置を頭に描いていたと語った。

こういう結果は、かならずしも快いものとは限らない。三七歳のときに強姦された経験をもつある女性は、超意識状態まで退行したあと、今回の生に生まれてくる以前に、この事件を人生に組み込んでいたと告白した。彼女が言うには、その年齢で悲劇を体験することがどうしても必要だった。というのも、それによって「魂全体の色合い」が否応なく変化し、生の意味に

ついてより深く、良い方向に理解する転機となったからである。

――『ホログラフィック・ユニヴァース』（マイケル・タルボット著／川瀬勝訳／春秋社）

ホイットン博士の研究によって、「生と生の中間領域」で次の人生を計画するときは、人は道徳的な義務感をもって計画することが明らかになっています。

「道徳的な義務感」とは、強制されるのではなく自発的にということです。しかし、義務感をもってということですから、前世で自分が傷つけたり、困らせたりした相手に対する償いの意味を込めて計画するのです。

「償い」ということですから、実際の人生でそのような局面に遭遇したら、それなりに苦しみや悲しみを伴う体験になるはずです。

ということは、人生における苦しみや悲しみは、ある意味では生まれる前から自分が覚悟のうえで計画したものであるとも言えるのです。ところが、この世に生まれてしまうと、自分がそのような計画をしたことなどまったく記憶に残っていないため、「私はなんて運が悪いのだろう」とぼやくことになるのです。

また「償い」というのは相手の人に対する償いという意味でもあり、また「カルマ借金を払う」という意味もあります。次の「試練編」で説明しますが、「苦しみは（よくない）カルマをはき出す箒《ほうき》」という教えもあるのです。

この教えに従えば、人生で苦しみに遭遇するたびに、「ありがたい。これでカルマ借金が減っていく」と喜ばなくてはいけないということになります。

あえて厳しい「試練」を計画に組み込むこともある

次の人生を計画するときに留意する二つ目は、「人生でまだ学ぶべきことを学び、果たすべき目的を果たせるようにする」ということです。これが、人生の目的の最大のものです。そのため、あえて「試練」を視野に入れた計画を組むことがあるのです。

当然、その計画は心地よいものではないでしょう。ここに出ている事例で、ある女性が、自分が強姦される事件も組み込んで生まれたとあります。普通の意識状態であれば、そのような悲惨な局面を計画に組み込むことはないでしょう。

しかし、計画を組むときは道徳的に高い意識レベルにあるため、魂の進化・向上のためにそのような悲劇的な体験を組み込んで生まれてきたということです。もちろん、この世に生まれてからの本人にそのような自覚はなかったのですが、ホイットン博士の退行催眠という手法によって明らかになったわけです。

なお、このホイットン博士の研究結果をまとめた本は、わが国でも翻訳されて『輪廻転生』（J・L・ホイットン他著／片桐すみ子訳／人文書院）というタイトルで出版されています。

二歳から四歳の子供は前世を覚えている

★② 子供が語った前世記憶の内容。

催眠術の代わりに子供が語る「前世記憶」を検証することで、生まれ変わり（転生）を確信できるものにした研究があります。

以下は引き続き『ホログラフィック・ユニヴァース』（マイケル・タルボット著／川瀬勝訳／春秋社）からの引用です。

自分の無意識が、自分で思い込んでいるレベルよりも、はるかに深く人生の展開に関わっていることを発見した研究者はホイットンだけではない。ヴァージニア大学医学部の精神医学の教授、イアン・スティーヴンソン博士もそのひとりである。催眠術を用いるかわりに、スティ

ーヴンソンは、前世のものとおぼしき記憶を自然に思い出した子供たちに話を聞いている。この調査に彼は三〇年以上を費やしており、世界各地からの何千というケースを収集し、それらを分析してきた。

スティーヴンソンによると、過去世の記憶を自然に思い出すことは、子供たちの間では比較的よく見られる現象で、このため、検討に価するケースの数は彼のスタッフの調査能力をはるかに越えているという。子供たちが自分の「もうひとつの人生」について語りはじめるのは、一般に二歳から四歳の間のことで、その思い出が詳細にわたることもよく見られた。自分の名前、家族や友人の名前、どこに住んでいたか。どんな家だったか、仕事は何だったか、どんな死に方をしたか、それに、たとえば死ぬ前にお金をどこに隠したかという他人の知らないような情報、あるいは殺人が関与していた場合には誰に殺されたのかさえもがこの中に含まれていたのである。

――『ホログラフィック・ユニヴァース』（マイケル・タルボット著／川瀬勝訳／春秋社）

イアン・スティーヴンソン博士は三〇年以上にわたって、子供から聞き出した前世のものと思われる記憶の裏付けをとるために、世界各地を回って調査をしています。

二歳から四歳ぐらいまでの子供が語る自分の「もう一つの人生」の思い出は、非常に詳細にわたっていることも多かったようです。

博士の調査は何千件にも及ぶということですから、まさに生まれ変わり（転生）を証明する科学的調査というべきでしょう。

驚くべきことに、子供たちの記憶があまりに詳細なものであるため、スティーヴンソンはそこに出てくる過去世の人間を実際に追跡して調べ、彼らの述べたことのほとんどすべてを確認できるということも頻繁に起きている。スティーヴンソンは、子供たちを過去世で住んでいた場所に実際に連れていき、見も知らぬはずの街を彼らが勝手知ったる様子で案内し、自分の以前の家や所有物、あるいは過去世での親戚や友人たちまで正しく言い当てるところを目の当たりにしているのである。

ホイットンと同じように、スティーヴンソンも生まれ変わりの存在を示唆するデータを大量に集めており、その調査結果をこれまでに六冊の本にまとめて出版している。これもホイットンと同じく、性格や運命に対して無意識が演ずる役割は、私たちが思っているよりもはるかに大きなものであることを発見している。

過去世で知っていた人間と一緒になるように生まれ変わることが多いこと、また、その選択の裏にあるのは、いとおしさや、罪悪感、義務感であるというホイットンの調査結果は、スティーヴンソンの研究でも裏づけられている。彼もまた、私たちの運命を定めているのは、偶然による確率ではなく、人としての責任感であるとの考えをもつ。物質面での状況は、生まれ変わりによって大きく変化することはあるものの、道徳面から見た行動、あるいは関心、能力、価値観などは同じままであることを彼は発見している。過去世で犯罪者であった人は犯罪行動に引かれていく傾向があるし、寛容であった人は寛容で親切な人間でありつづける、などだ。このことからスティーヴンソンは、本当の意味でいちばん重要なのは、人生の外面的なものではなく、内面的なこと、つまり、よろこび、悲しみ、そして人としての「内面的成長」なのだという結論に達している。

――『ホログラフィック・ユニヴァース』(マイケル・タルボット著/川瀬勝訳/春秋社)

人は「人生」劇で役を交代しながら学び合っている

スティーヴンソン博士が子供の話に出てくる過去世の人間を実際に追跡して調べた結果、そのほとんどすべてを確認できたケースも多かったとあります。子供の話はうそではなく、記憶は正確だったということです。これこそ、人が生まれ変わることの確たる証拠と言ってよいでしょう。

博士は、長年に及ぶ調査を通じて、生まれ変わり（転生）に関して次のような結論を導きだしています。

① 性格や運命に対して無意識が演ずる役割が非常に大きい。

性格は「奥の心（無意識）」に刻まれた「心の癖」ですから、生まれ変わった次の人生に反映されるということです。運命は「心の癖」がつくるカルマの反映ということでした。そのことを博士の調査結果が証明していると言えるでしょう。

② 過去世で知っていた人間と一緒になるように生まれ変わることが多い。
その選択の裏にあるのは、いとおしさや、罪悪感、義務感である。

わが国には「袖振り合うも多生の縁」という言葉があります。「道で（お互いに袖を振って）通り過ぎる人でさえ、過去世の縁によるものである」という意味です。まさに前世のカルマを背負い合った人たちが、新しい人生でもいろんな形で人生をともにするということです。ちょうど舞台の配役が、劇ごとに違った役を演じることと似ています。前の劇では殿様役で威張り散らしていた役者が、次の劇では下足番となって殿様にお仕えする、ということもあるでしょう。

人生もまさにそのように、同じ役者が違った役を演じることが多いということです。特に親密な関係の人同士であれば、上下逆転、男女逆転によってカルマの清算をし合うという形があると思われます。自分をことあるごとにいじめた人が、今度は自分からいじめられる立場に生まれてくる、ということも生まれ変わり（転生）のなかではよくある話です。

自分がどの役を演じることにするか、という選択の裏にあるのは、いとおしさ、罪悪感、義務感などとなっています。退行催眠によるホイットンの調査と同じ結果です。

「心の癖」は次の人生にそのまま引き継がれる

③　物質面での状況は、生まれ変わりによって大きく変化することはある。

「物質面」とは、肉体の状態（容貌、体格、体型、障害の有無など）のことでしょう。これは、そのまま次の人生に持ち込むことはできません。体に障害のあった人が次の人生でも同じ障害を持つ、ということではないのです。ただし、その逆はあり得ます。前世でバリバリのスポーツマンだった人が、次は体に重篤な障害を持って生まれることは十分考えられます。

もちろん、生まれる前にその決定をするのは本人ですが、スティーヴンソンの調査によると「奥の心（無意識）」のはたらきが大きいようです。「無意識が演ずる役割が大きい」ということは、「その人のカルマによる」ということです。特定のカルマの清算のため、あるいは魂の進化・向上のため、肉体に障害を持って生まれる方がよいと考えて、本人がその覚悟をして生まれてくるのです。しかし、生まれてしまうと、そのような人生計画のことは覚えていませんから、不満な気持ちを抱くことにもなるのです。

要するに、物質面（肉体面）は次の人生において大きく変わることになるということです。前世で白人だった人が、次は黒人として生まれてくるというケースもあるでしょう。

④　道徳面から見た行動、あるいは関心、能力、価値観などはそのままである。

問題は、内面です。性格となった「心の癖」は次の人生にそのまま持ち込まれるため、まったく変わらないということです。いじめ癖、ぼやき癖、すぐ怒る癖などの好ましくない性格もそのまま携えていくことになります。

「能力」というのは、たとえば歌のうまい人は次の人生でもやはり歌をうまく歌えるということとです。子供のころから特定の分野に強い関心を示し、天才と言われるような人は、前世でそのような研究や努力を重ねた人と考えて間違いないでしょう。

心霊学の研究では、本人だけの能力というよりも、守護霊や背後霊の指導・援助によって能力が開発されていくケースが多いようです。

⑤　いちばん重要なのは、人生の外面的なものではなく、内面的なことである。

つまり、よろこび、悲しみ、そして人としての「内面的成長」である。

「外面的なもの」とは、多くの人が人生で追い求めていると思われる社会的地位、名誉、財産、知名度、といったものでしょう。しかしながら、人生で大切なことは喜び、悲しみなどの「見える心（顕在意識）」の使い方なのです。そして、何よりも「内面的成長」すなわち「人間性を高める」ということが大切であることがわかります。

「前世調査」に科学界はどんな反応を示しているのか

スティーヴンソン博士の調査結果について、科学界はどのような反応を示しているのでしょうか？

その結論の多くは通説とは異なるものであるとはいえ、綿密でしかも徹底した調査を行なうとの評価のおかげで、スティーヴンソンは予想外のところから高い評価を受けることとなった。彼の調査結果は、『アメリカ精神医学ジャーナル』誌、『神経精神病ジャーナル』誌、あるいは『国際比較社会学ジャーナル』誌などの名高い学界誌に発表されている。彼の研究のひとつに関する批評で、権威ある『アメリカ医師会ジャーナル』誌は以下のように論じている。「〔スティーヴンソンは〕感情にとらわれることなく、一連のケースについての詳細を苦労して収集しており、そこに挙げられた生まれ変わりの存在の証拠は、それ以外の根拠では理解することが困難である。……彼はとても無視できないような大量のデータを記録に残している」。

――『ホログラフィック・ユニヴァース』（マイケル・タルボット著／川瀬勝訳／春秋社）

権威ある『アメリカ医師会ジャーナル』誌が「そこに挙げられた生まれ変わりの存在の証拠は、それ以外の根拠では理解することが困難である」と評論しているのです。

科学界も、証拠となるデータをこれだけ集められたら、人の生まれ変わり（転生）を否定することはできなかったということでしょう。

イアン・スティーヴンソン博士の研究をまとめた書籍が、わが国でも翻訳されて以下のタイトルで出版されています。

『前世を記憶する子どもたち』上・下巻（イアン・スティーヴンソン著／笠原敏雄訳／日本教文社）。

臨死体験者は自分の体験を語りたがらない

★③　臨死体験者の報告。

臨死体験に関する書籍はちまたにあふれていますが、本書では次の二冊を参考文献として使っていきます。
『「死ぬ瞬間」と死後の生』（E・キューブラー・ロス著／鈴木晶訳／中央公論新社）
『チベットの生と死の書』（ソギャル・リンポチェ著／大迫正弘、三浦順子訳／講談社）

以下は『「死ぬ瞬間」と死後の生』からの引用です。

なお、私の解説は引用文と重複していますので、読みとばしてもらっても結構です。

その牧師と私の夢は臨死体験を二十例集めることでしたが、それが結果的には二万件になりました。私どもはそれを一度も公表しませんでした。しなくてよかったと思っています。というのも、臨床例を探しはじめると、意外に多くの人が喜んで体験を話してくれるということがわかりました。でも彼らは打ち明ける前にかならず、「ロス先生、喜んで自分の体験をお話ししますが、ほかの人には言わないと約束してください」と言うのです。そのことに関しては病的なくらいにこだわりました。それも無理ありません、彼らにとってその体験は、私的で神聖なものです。ところがこの世に帰ってきて、その素晴らしい体験を人に話すと、背中をぽんと叩かれて、「薬のせいさ」とか、「そういう瞬間には幻覚を見たって不思議ではない」という答えが返ってくるのですから。

彼らはまた精神医学的なレッテルをはられ、そのために怒ったり落ち込んだりした、という苦い経験もさせられているのです。われわれ人間は、理解できないものには何でもレッテルをはらないと気がすまない習性があります。私たちの知らないことは、まだまだたくさんあります。だからといって、それらが存在していないということにはなりません。

――『「死ぬ瞬間」と死後の生』（E・キューブラー・ロス著／鈴木晶訳／中央公論新社）

キューブラー・ロス博士が関わった臨死体験だけでも二万件に及ぶということです。臨死体験をした人がいかに多いかということがわかります。しかし、臨死体験者は自分の体験は話したがらないのです。なぜなら、人に話しても信じてもらえないどころか、逆に精神的におかしいというレッテルを貼られることもあるからです。

こう考えますと、隠れた臨死体験者の数は実際に報告されているよりもはるかに多いのではないかと思われます。

人種も年齢も宗教も文化も臨死体験には影響しない

アメリカだけでなく、オーストラリアやカナダからも体験談を集めました。いちばん若い患者は二歳半、いちばん年上は九十七歳の老人です。文化や宗教もさまざまで、エスキモーもいればハワイの原住民もいればオーストラリアの原住民（アボリジニー）もいますし、ヒンドゥー教徒も仏教徒も、プロテスタントもカトリックもユダヤ人もおり、宗教をもたない人もいて、そのなかには無神論者を自称するする人たちもいます。宗教も文化も異にするできるだけ多様な人びとから例を集めようと努めました。臨死体験は、宗教などの条件づけとはかかわりのない、全人類に共通するものにちがいない、と私たちは確信していましたから、その確信を実証したかったのです。

興味深いことに、人びとはゆっくり死が近づいてきた場合だけでなく、事故にあったとか、殺されかかったとか、自殺をくわだてたとかいう場合にも、これを体験しているのです。半数以上が、突然の臨死体験でした。その場合、患者はそれを予測することも、それに対して準備することもできなかったのです。


――『「死ぬ瞬間」と死後の生』（Ｅ・キューブラー・ロス著／鈴木晶訳／中央公論新社）

キューブラー・ロス博士の研究の優れたところは、臨死体験者は宗教や文化、あるいは人種や年齢などとは関係なく全人類に共通するものであることを確認するために、できるだけ多様な体験談を集める努力をしていることです。

また、半数以上が突然の臨死体験であることから、事前にある程度のあの世（霊界）の知識を持っていて、それを体験に交えて語ったという可能性を否定しています。

大変客観性の高い臨死体験の研究報告であることがわかります。

臨死体験者は、近くから自分の「死体」を見ている

死後の私たちはずっと物理的な全体感覚をもちつづけます。事故や死の起きた状況を全体的にとらえることができます。――冠動脈血栓を起こして病室にいるとか、自宅の寝室にいるとか、自動車事故や飛行機衝突の現場とか。そして、蘇生させようとして懸命に心臓マッサージをしている医師たちや、ぺしゃんこになった車のなかから体を救い出そうとしている救急隊員のことも、はっきり意識しています。しかも、遠い出来事として頭に思い浮かべるのではなく、ほんの一、二メートルのところから見ているのです。「頭」という言葉を使うのは適切ではないかもしれません。ほとんどの場合、私たちはこの時点ではもはや頭とか脳とは切り離されているのですから。すでにこの時点では、脳波のテストをしても活動のきざしはまったく見られず、たいていは医師も生命の兆候をいっさい見出せません。その時点で私たちが感じる第二の身体は、物理的な肉体ではなく霊的な身体です。

――『「死ぬ瞬間」と死後の生』（E・キューブラー・ロス著／鈴木晶訳／中央公論新社）

死後も人は身体感覚を持っているということです。ただし、それは第二の身体ともいえるも

ので、物理的な肉体ではなく「霊的な身体（霊体）」なのです。物質で構成されているわけではありませんから、この世の人の目には映りません。

「医師が生命の兆候を見出せない状態」とは、脳も心臓も活動を停止した状態です。肉体がそのように死んだ状態になっているとき、霊体は、病室や事故現場に横たわっている自分の「死体」を一、二メートル離れたところから見ているということです。

死後も身体感覚はあるが、痛みや障害は消える

蘇生が成功して蝶がまた繭のなかに押し込められても、患者が喜ぶとは限りません。それは無理もない話です。肉体の機能が生き返ったら、それに付属している痛みや障害もふたたび引き受けなければならないのですから。

霊的身体をもっている状態では、私たちは痛みも障害も感じません。私の同僚の多くは、それはたんにわれわれの願望の投影ではないのか、と考えました。なるほどそう考えても理屈は通ります。長年のあいだ体が麻痺していた、目が見えなかった、口がきけなかった、障害を背負っていた、という人は、苦しみの終わるときを夢みているかもしれません。でも、願望の投影かどうかを確かめるのはとても簡単です。

第一に、私か集めた例の半数は、予期しなかった突然の死、——というより臨死体験で、彼らは自分の身に何か起きるかを予測することはできませんでした。たとえば、ある患者は、ひき逃げされ、両足をもぎ取られました。ところが彼は、肉体から離脱したとき、道路に転がっている自分の足が見え、同時に、自分の霊的な身体にはちゃんと両足がついていて完全であることがわかったと言います。ですから、彼は、両足を失うことを前もって知っていて、また歩けるようになりたいと願い、その願望を投影したのだ、とは考えられれません。第二に願望投影説を否定するもっと単純な方法があります。それは、光を知覚することもできない全盲の人に、臨死体験ほどんなふうだったかを聞くのです。もし、たんなる願望の投影だったら、自分のまわりの状況を正確に描写することなどできないはずです。

私たちは何人かの全盲の人に、臨死体験について質問しました。彼らは、誰が最初に部屋に入ってきたか、誰が蘇生を試みたかといったことばかりか、その場にいた人全員の服装を微に入り細をうがって描写してくれました。願望のとりこになった全盲の人だったら、そんなことができるはずがありません。

——『「死ぬ瞬間」と死後の生』(E・キューブラー・ロス著/鈴木晶訳/中央公論新社)

人が死んで「霊体」の状態になると、生前の肉体の障害や病気による痛みなどは消えてなくなるということです。ところが、臨死体験者はまた生き返るわけですから、その障害や痛みが復活してしまいます。そのため、本来なら生き返ったことを喜ぶはずなのに、逆に嬉しく思わない人がいるのです。

キューブラー・ロス博士は、同僚から「臨死体験者が体の障害や痛みがなくなったと報告しているのは、日頃からの願望を投影したものではないか」という疑問が寄せられたと述べています。この「願望投影」説を、博士は見事に否定してみせています。

一つは突然死した人のケースです。ひき逃げなどで突然死した人は、その事故によって自分が肉体のどの部分に障害が生まれるかを知らずに死んでいくわけです。ところが、死の判定を受けた後で、自分の足が道路に転がっているのを見ながら、「霊体」にはちゃんと両足がついていたと報告しているのです。死ぬ直前まで自分の足で動いていた人ですから、「足が動くようになりたい」という願望を持つことはあり得ないでしょう。

二つ目は、全盲の臨死体験者が、自分の死後、病室に入ってきた医師や看護師の動きや服装を精細に報告したことです。霊体になると視力障害もなくなるという証明でもあり、人は肉体が死んだ状態でも身体感覚を持っているという証拠でもあります。

トンネルを抜けると、そこは霊界だった

私たちは移行を象徴するものを通過します。それは文化によって異なり、門であったり、橋であったり、トンネルであったりします。それを通り過ぎてしまうと、光が見えてきます。それはまさしく筆舌に尽くしがたい光です。白よりも白く、光よりも明るく、私たちはその光に近づくと、無条件の愛にすっぽりと包まれます。もし、一度でもそれを経験したら、もう絶対に死は怖くありません。死は恐ろしいものではありません。問題なのは、人生をどう生きたかということです。

この光をほんの寸時でも見た瞬間に、全知を得ます。残念なことに臨死体験では、こちらにもどったとたん、多くのことを忘れてしまいます。覚えていることは、私たちは自分の命というものに全面的な責任があるということ、このことに尽きるようです。自分の生を誰かのせいにしたり、批評したり、また嫌ったりすることはできないのです。限りある命をどう生きたかということに関しては、全部自分に、自分だけに責任があります。このことに気がつくと、生き方は変わってきます。

――『「死ぬ瞬間」と死後の生』(E・キューブラー・ロス著/鈴木晶訳/中央公論新社)

ここで特に記憶しておきたいのは次の三点です。

臨死体験者はこの世に戻るとあの世（霊界）で見聞きしたことを忘れているのに、次のことは覚えているというのです。臨死体験の意味がわかるような気がします。

①　死は恐ろしいものではないこと。
②　自分の人生を他人のせいにすることはできないこと。
③　人生をどう生きたかはすべて自分の責任であること。

人生で大事なものはただ一つ——それは「愛」

この信じられないような光は、それぞれの文化によって「キリスト」とか「神」とか「愛」とか「光」と呼ばれていますが、この光の前では、私たちは自分のしてきたことすべての責任を問われます。このとき私たちは、自分がいかにしばしば正しい選択をしそこなったか、その選択のおかげでどれほど苦しんだかをさとるのです。

そして理解します。大事なものはただひとつ、愛だということを。それ以外のすべて、業績とか、学位とか、財産とか、ミンクのコートを何着もっているかなどといったことは、どうで

もいいのです。また、私たちが何をするかは重要ではないということもわかります。ただひとつ重要なことは、やるべきことをいかにやるかです。そして大事なことは、愛をもってそれをやるということです。

――『「死ぬ瞬間」と死後の生』(E・キューブラー・ロス著/鈴木晶訳/中央公論新社)

人生で大切なのは「愛」だけだと述べています。

この「愛」という言葉についてはいろいろな解釈ができますので、少し解説をしておきたいと思います。最も身近な「愛」の形は、母親がわが子に注ぐ愛でしょう。動物の場合でも母親は子供に献身的な愛を表現します。

しかしながら、この「愛」は執着心にもなりやすく、子供が大きくなると仏教で言う「煩悩の愛」に変わる事例も多く見られます。「愛」が「煩悩」に姿を変えて子供を縛ってしまうことになりがちです。

また、男女の恋愛関係でも「愛」という言葉が使われます。「世界の中心で愛を叫ぶ」というのは男性が女性を愛する気持ちの表現であろうと思います。

しかしながら、ここで述べられている「愛」は、そのように特定の相手に向けた「愛」とは考えられません。

では、どのような「愛」なのか——。

それを理解するうえで、アインシュタインの次の言葉が大変参考になります。

人間は「宇宙」と呼ばれる全体の一部なのです。時間と空間のなかに限定された一部なのです。人間は自己を、自己の思考や感覚を、他から分離したものとして体験します。——それは意識の視覚的錯覚とでもいうべきものです。この錯覚は、わたしたちを個人的な欲望と、ごく身近な幾人かの人間への愛情に縛りつけている、一種の牢獄なのです。わたしたちの課題は、すべての生きとし生けるものを、自然のすべてを、その美しさのままに包み込むまでに慈しみの輪を広げ、わたしたち自身をこの牢獄から解放することにあります。

——『チベットの生と死の書』（ソギャル・リンポチェ著／大迫正弘、三浦順子訳／講談社）

「ごく身近な幾人かの人間への愛情」と「すべての生きとし生けるものを、自然のすべてを、その美しさのままに包み込むまでに慈しむ（気持ち）」の対比でご理解ください。

ここでも「慈しむ」という表現がされていますが、お釈迦様（ブッダ）の教えにある「慈悲」「慈愛」こそが、人生で必要とされる本当の「愛」と考えるべきではないでしょうか。

人生は魂を磨く洗濯機のようなもの

この全的な無条件の愛に包まれたとき、私たちは自分の人生の一つひとつのおこないだけでなく、自分の存在全体の、思考と言葉のすべてを振り返らなくてはなりません。そして全知を得るのです。それはつまり、自分の思考、言葉、おこない、選択の一つひとつがいかにひとに影響をあたえたかを知ることです。私たちの人生は学校にほかなりません。私たちはそこでテストされ、洗濯機のようなものの中に放り込まれるのです。その洗濯機からつぶれて出てくるか、みがかれて出てくるかは、誰か他の人のではなく、あなた自身の選択によるのです。

――『「死ぬ瞬間」と死後の生』(E・キューブラー・ロス/鈴木晶・訳/中央公論新社)

人生を「学校」や「洗濯機」にたとえています。「人生は学校のようなものだ」という言葉はよく聞きますが、私はこの「洗濯機」のたとえが絶妙だと思います。

人を「洗濯する必要のある物」にたとえているわけです。魂の磨かれ方が異なるいろいろな人を、地球という洗濯槽に一緒に放り込めば、洗濯物同士がお互いにこすれ合って、それぞれに磨かれていくというイメージです。

学校のように、みんながきちんと机に座って勉強するというのは、人生の実態とかけ離れています。洗濯機のなかであれば、人と人がぶつかり、絡み合い、はじき合って、お互いを磨き合うというイメージがぴったりです。その結果、よれよれになってつぶれてしまうか、ピカピカに磨かれて出てくるかなのです。それが人生だと言っています。

死者はあの世で自分の人生を映像のように振り返る

「自分の思考、言葉、おこない、選択の一つひとつが、いかに人に影響を与えたかを知る」のは「人生のパノラマ的回顧」と呼ばれています。死後、人はあの世（霊界）の入り口で、自分の人生をパノラマの映像のように振り返ることになると言うものです。

このことに関しては次の書籍が大変参考になります。

以下は『チベットの生と死の書』（ソギャル・リンポチェ著／大迫正弘、三浦順子訳／講談社）からの引用です。

臨死体験の報告が実に的確な驚くべきカルマの真理の証《あかし》となっているのに触れて、私は非常に深い印象を受けてきた。多くの臨死体験に共通した要素のひとつに「全生涯のパノラマ的回

顧」がある。この体験をした人々は、一生の出来事を細部にいたるまできわめて鮮明に思い出すだけでなく、みずからの行為がもたらしたあらゆる結果をも見るようなのだ。事実彼らは、自分の行為が他者におよぼした影響と、他者のなかに引き起こした感情――それがどんなに不快であれ、衝撃的であれ――をつぶさに体験するのである。

わたしの一生のすべてが次々と浮かんでは消えていったのです。――それは恥ずかしいことばかりでした。というのも、かつてのわたしの考え方は間違っていたようなのです。……わたしがしてきたことだけでなく、それが他の人々におよぼした影響も見えるのです。……人が考えていることも、ひとつとして見落とすことはないのです。

（レイモンド・A・ムーディ・Jr『続・かいまみた死後の世界』評論社）

一生がわたしの前を通り過ぎてゆきました。……そこでわたしは、一生のうちに感じたすべての感情をもう一度感じたのです。そして、その感情がわたしの人生をどのように左右していたかという基本的なことを、私の目に見せてくれました。わたしが人生でしてきたことが、他の人々の人生をも左右して……。

（ケネス・リング『霊界探訪』三笠書房）

それは、わたしたちが思ったり考えたりした思考のすべてを、今一度完全に生き直すことだったのです。口にしたすべての言葉、行なったすべての行為をです。さらには、一つひとつの思い、言葉、行ないがおよぼした影響をです。すべての人への影響です。わたしが気づいていたかどうかに関係なく、わたしの近くに、わたしの影響がとどく範囲にいたすべての人への……。さらには、一つひとつの思い、言葉、行ないがおよぼした天候や植物たちへの、土や木々や水や大気への影響です。

（P・M・H・アットウォーター『Coming Back to Life』）

これらの証言をごく真面目に受け止める必要があると思われる。それはみずからの行為や言葉や思考が持ちうるあらゆる意味に気づくための助けとなり、それによってわたしたちはより前向きに責任を引き受けるようになるからである。

――『チベットの生と死の書』（ソギャル・リンポチェ著／大迫正弘、三浦順子訳／講談社）

別々の本から引用された臨死体験者の報告が紹介されています。

この三つの報告に共通する内容を整理しておきましょう。

① 人は死んであの世（霊界）に行くと、一生のすべてを再体験することになる。自分の一生がパノラマのように現れる。

② 一生のうちに感じたことをもう一度感じる。その感情が自分の人生をどう左右し、同時に、それが他の人にどのような影響を与えたかがわかる。

③ 自分の一つひとつの思い、言葉、おこない（＝身・口・意）を再体験し、それがすべての他の人に与えた影響、さらには自然界に及ぼした影響までわかる。

臨死体験をしなくても、自分の人生の振り返りはできる

「全生涯のパノラマ的回顧」は、死後の世界においてすべての死者の霊がかならず体験すると言われています。霊界通信や臨死体験者の報告によってそのことが確認されています。

自殺をするために高いビルから飛び降りたのに、幸い一命をとりとめ生き返った人が、地面に激突するまでの短い時間に自分のそれまでの人生のすべてを体験しなおしたという報告もあります。その人は落下して意識を失った瞬間にあの世（霊界）とつながったものと考えられま

す。

このように、臨死体験者は、「死」の模擬体験をするなかで、人生のパノラマ的回顧によって「人は何のために生きるのか」という人生の目的を知らされ、生き返ったあとの人生の見方を変えていくのです。

その報告の内容は、ひとり臨死体験をした人だけが知っていればよいというものではありません。いずれは誰もが肉体の死を迎えることになるわけですから、それまでの生き方を考えるための貴重な報告として活用すべきでしょう。

「幻覚だよ」と、臨死体験者の背中を叩いて、あたかも精神的に病んだ人でもあるかのような目で見る人も、いずれはあの世（霊界）に行って真実を知ることになるのです。

でも、そのときはすでに「人生」という洗濯機から吐き出されてしまっています。洗い直し、磨き直しをしようと思っても、次の人生を待たないとできないのです。赤ちゃんの段階から人生のやり直しということになります。

しかしながら次の人生においても、いずれ人は死の床につくことを約束されています。誰もが「全生涯のパノラマ的回顧」を体験することになるのです。そして、すべての人が再び自分のカルマの内容に気づかされることになります。

よくないカルマの清算はこの世でしかできませんから、その時になって気づいても手遅れなのです。ここでご紹介した臨死体験者の報告を真摯に受け止めて、早く自分の持つよくない「心の癖」に気づかなくてはいけません。そして、気づいたらすぐにそれを改めようと実行に移すこと、今の暮らし方、生き方を改めることが大切なのです。

私たちのこれまでの人生の回顧は、臨死体験をしなくてもできることです。過去を振り返って、自分の「身・口・意」の数々を点検し、他を許し、すべてに感謝する――それがよくないカルマ清算の王道といえるでしょう。

最も信頼できる霊界通信はシルバー・バーチの霊訓

★④ あの世（霊界）の存在から送られてきたメッセージ。

私は三〇歳の時に、生後六カ月の息子（長男）を病気でなくして以来、死後の世界に強い関心を持つようになりました。関連の書籍をたくさん購入して読んだものです。映画俳優として活躍中の丹波哲郎さんが、実は霊界のことについてもかなり造詣が深いことを知ったのもその頃でした。

その後、シルバー・バーチやホワイト・イーグルなどによる著名な霊界通信の邦訳がたくさん出回るようになり、私の知的好奇心を満たしてくれるようになりました。

数ある霊界通信のなかで、私が最も信頼し、レベルの高い通信と考えているのはシルバー・バーチからの霊言（霊界からのメッセージ）です。

シルバー・バーチは生まれ変わり（転生）に関しても霊界から素晴らしい情報を届けてくれていますが、本書の短い誌面を使って紹介するのは難しい内容です。関心のある方はぜひシルバー・バーチ関連の書籍に目を通していただきたいと思います。

シルバー・バーチの膨大な霊言のなかから、生まれ変わり（転生）に関する内容を中心に整理された『古代霊は語る～シルバー・バーチ霊訓より』（近藤千雄訳編／潮文社）は特におすすめの本ですが、残念ながらすでに絶版になっています。

次に、私が高く評価しているのはコナン・ドイルが霊界から送ってきたメッセージです。

コナン・ドイルといえば、小説をあまり読まない私でも、シャーロック・ホームズの探偵物語だけは、学生時代に手当たり次第読んだ記憶があります。

その著者であるコナン・ドイルがヨーロッパにおける心霊研究の先駆的人物のひとりであると知ったのは、私が五〇歳になろうとする頃でした。

日本にも優れた霊界通信はありますが、ほとんどが宗教団体の信者のための教えと誤解されていますので、それほど知られていないのが実情です。最近になって、中矢伸一氏の解説により「日月神示」がよく知られるようになったのは喜ばしいことです。「日月神示」が伝える霊界のメカニズムは大変レベルの高い内容となっています。こちらは書籍もたくさん出版されています。

兄の死がスピリチュアリズム研究の道を歩ませた

それでは、コナン・ドイルの霊界通信を扱った書籍のなかから、まず『コナン・ドイルの心霊学』（コナン・ドイル著／近藤千雄訳／新潮社）を参照します。

以下は、訳者である近藤千雄氏のあとがきからの引用です。

物質科学の発達は「物的証拠」を絶対視する傾向を生んだのは当然の成り行きであったが、それを心霊現象の科学的研究においても適用しようとすると、ある段階から行き詰まってしまう。心霊現象には物理的なものばかりでなく、精神的なものもあるからである。

何しろ影も形もない存在からの通信であるから、たとえ姓名を名のったところで、本当かどうかの判断の決め手がない。そんな時に、何よりも確信を与えてくれるのが、当事者しか知らないプライベートな内容の事実とか思い出である。そのドラマチックな例として、事故死した私（訳者）の長兄の場合を紹介しておきたい。

兄は日本の敗戦の翌日、すなわち一九四五年八月一六日に、学徒動員中にトラック事故で一五歳で死亡している。疎開先のことで、家は山を四、五分ばかり登った位置にあり、毎日陸軍のトラックが山すそまで迎えに来る。敗戦の翌日とはいえ、実際にはまだ勝ったのか負けたのか定かでないので、軍はその日もいつも通りの作業を行なうことにした。

兄はいつもただ弁当だけを持参する毎日だったが、その日の朝、母は何を勘違いしたのか、兄を見送ったあとで、ふと「弁当を持たせるのを忘れた！」と錯覚し、大急ぎでおにぎりをこしらえて、兄を追って山を駆け下りた。下りきると、すでにそこにトラックが来ていて、ちょうど兄が後尾から大股で乗り込んだところだった。

駆け寄った母が、「ヒデちゃん、ホラ、弁当！」と差し出すと、兄は「あるよ」と言って、それを差し上げて見せた。母は自分の勘違いだったことに気づいたが、食べ盛りのころなので、「二つくらい食べられるでしょ。せっかくだから持っていきなさいよ」と言って差し出した。

が、兄はまわりの級友たちの手前、恥ずかしく思ったのだろう。「いいよ」と言って受け取ろうとしない。

「まあ、持っていきなさいよ」

「いいっていったら」

そう言い合っているうちにトラックが出発した。母は仕方なく両手で弁当を持ったまま、兄を見送った。それが今生の見おさめになるとも知らないで……。事故の報が入ったのはそれから一五分ばかりのちだった。ほとんど即死状態だったという。

それからほぼ一〇年の歳月が流れて、話は一九五四年のことになる。私の生涯を決定づけることになる間部《まなべ》詮敦《あきあつ》という霊能者が福山市をはじめて訪れた時、うわさを耳にした母が伺った。座敷で先生と挨拶するとすぐに、先生が、

「今ここに一人の青年が見えておりますが、何か手に持っていますね。ほう、弁当だと言っています。お母さんには申し訳ないことをしたと言っておられますよ」とおっしゃった。母はその場に泣き崩れた。間違いなくわが子であることを確信しただけでなく、別れのシーンの自分の最後の姿が、兄の目に焼きついていたことを知ったからである。母にとってこれにまさる「証拠」はなく、それが死後存続を確信する決定的な体験となった。そして、間接的ながら、それが私にも決定的な影響を及ぼした。

――『コナン・ドイルの心霊学』(コナン・ドイル著／近藤千雄訳／新潮社)

最後のところで、訳者である近藤千雄氏は「それが私にも決定的な影響を及ぼした」と述べています。若くしてあの世(霊界)の存在を確信したことで、氏は大学時代に手にした一冊のシルバー・バーチの霊界通信の本(原書)に触発され、スピリチュアリズム研究の人生を歩むことになったといいます。

氏が、スピリチュアリズム研究の先進国である英国で出版されている膨大な書籍の邦訳に生涯をかけて取り組まれたことが、日本のスピリチュアリズム研究の発展に大きく貢献していると言えるでしょう。

私は、ここでご紹介した愛するお兄さんの死が、その後の近藤氏の人生の方向付けをしたと解釈しています。

死別した子どもからのメッセージで霊界の存在を確信

次は、同じコナン・ドイルの霊界通信を扱った『コナン・ドイル　人類へのスーパーメッセージ』(アイヴァン・クック編／大内博訳／講談社)の訳者、大内博氏のあとがきからです。

この五年間に、私たち夫婦は二人の子供をなくすという体験をした。一人は三女の玲で、彼女は致死性小人症という、骨が成長しない病気をもって生まれてきた。いつ死ぬかわからない状態で二七二日という世界記録を作って彼女は死んだ。

その後、間もなく養子にした星は、わずか生後三カ月で幼児突然死症候群でこの世を去った。私たち夫婦には元気な子供が三人いるが、この二人の子どもの死のショックは大きく、生きることの意味がもうないとすら感じた。

そんな時、カリフォルニア在住の霊能者であるジョアンヌ・スティールワゴン女史を友人から紹介された。彼女は心理学者であるが、異次元との交流ができる人だという。彼女の一つの特徴は霊視ができることである。つまり、ヴィジョンが見える。

妻のジャネットは、悲しみに打ちひしがれた状態で、こう言った。「なぜこのような体験を私たちがしなければならなかったのか、なぜ玲はああいう状態で生まれ、死んでいかなければならなかったのか」、ただそれだけが知りたかったのである。ジョアンヌは、霊視して、こう語った。

「私にはなんのことかわかりませんが、一人の女の子がにこにこして、『お母さん、私の手を見て』と言って、両手を振っています」

ジャネットにはすぐにわかった。玲は致死性小人症であったため、手足が全然成長しなかったのである。それが、今は、あの世に行って手も普通になっているよ、と見せてくれたのである。それから玲は私たち夫婦に「ありがとう」と言っていると、ジョアンヌは語った。彼女は「無条件の愛」を体験するために、あのような身体をもってこの世に生まれてくることに決め、私たち夫婦はその親になる約束をしたというのである。これは一つの約束であるが、かならず守らなければならないというものではない。しかし、私たちがこの約束を守り、彼女をありのままに愛してくれたことに玲は感謝している、というものだった。

玲は生まれる以前に異常があることはわかっていて、生まないという選択もあると医師に暗示されたこともあった。

星からのメッセージは、彼は「悲しみ」という感情を自ら体験するために、私たちの家族のところにやってきて、死ぬことを選択した、というものだった。星を養子にしたときは生後一カ月で、健康そのものの子だった。私たちの家族一人一人は本当に星を可愛がり、楽しい時を過ごしていた。

ジョアンヌを通して星が語るには、彼自身そのように愛情に囲まれた生活の中で、本来の自分の目的を見失いそうになるところだった。そういう状態で突然死んで、別れなければならない悲しみ、そして家族である私たちの悲嘆を経験することが、彼の使命だったと語った。

私たちのことを何も知らなかったジョアンヌを通して語られたこれらのメッセージは、語っている存在が玲であり星であることを示す証拠を伴っていた。

――『コナン・ドイル　人類へのスーパーメッセージ』（アイヴァン・クック編／大内博訳／講談社）

人はなぜ、何のために生まれ変わるのかを考える上で、大変参考になる内容が含まれています。大事なポイントをピックアップしてみましょう。

①「玲」は手足が全然成長しない病気だったが、あの世（霊界）ではちゃんと手足が成長して普通になっていた。

これは「臨死体験」のところでも出てきた内容です。肉体の障害は肉体がなくなり霊体になった段階で消滅するということでした。

②「玲」は「無条件の愛」を体験するために、不自由な身体で生まれることを自分で決めて生まれてきた。

ここで誰もが疑問に思うのは、なぜこの世での身体である肉体だけに障害がでるのかということです。そのことにどんな意味、理由があるのかを考える必要があります。しかも、あえて障害のある不自由な肉体を選んで生まれてくる意味はどこにあるのでしょうか。

ここが生まれ変わり（転生）の意味を考える上での大事なポイントなのです。

③　あの世（霊界）で、大内氏夫妻は「玲」の親になることを約束していた。大内夫妻は、生まれてくる子に異常があることを医師から知らされていたが、堕胎することはしなかった。

④「星」は「悲しみ」という感情を体験するために生まれてきて、死ぬことを選択した。突然死んで、別れなければならない悲しみ、大内夫妻と家族が悲しむのを経験することが、彼の使命だった。

この「星」という子供は、生まれる前に、自分が悲しみ、また大切な両親を悲しませる体験をすることがわかっていて、そのことを体験するために生まれてきたと言っているのです。普通であれば、いろいろと幸せな体験を味わえる人生を選びたくなるのが人情ではないでしょうか。

この「星」のメッセージには、生まれ変わり（転生）についての深い意味が含まれていると思われます。人生の目的を考えるうえで大変参考になる情報と言えるでしょう。

死者の多くは家族のことなどを考える余裕はない

ここで、冒頭に紹介した『コナン・ドイルの心霊学』（コナン・ドイル著／近藤千雄訳／新潮社）のなかに「死の直後、人はどうなるのか」についてよく整理された内容がありますので紹介します。

死の直後について私がまず間違いないと見ているのは、次の諸点である。

「死ぬ」という現象には痛みは伴わず、いたって簡単である。そして、そのあとで、想像もしなかった安らぎと自由を覚える。やがて肉体とそっくりの霊的身体をまとっていることに気づく。しかも、地上時代の病気も障害も、完全に消えている。その身体で、抜け殻の肉体の側に立っていたり、浮揚していたりする。そして、霊体と肉体の双方が意識される。それは、その時点ではまだ物的波動が残っているからである。

エドマンド・ガーニー氏の調査によると、その種の現象の二五〇件のうち一三四件が死亡直後に発生していることがわかっている。物的要素が強いだけ、それだけ人間の霊視力に映じやすいということが考えられる。

しかし右の数字は、蒐集された体験のほぼ半分ということであって、地上で次々と他界していっている厖大な死者の数に比べれば、稀なケースでしかない。

大部分の死者は、私が想像するに、思いもよらなかった環境の変化に戸惑い、家族のことなどを考えている余裕はないであろう。さらには、自分の死の知らせで集まっている人たちに語りかけても、身体が触れても、何の反応もないことに驚く。霊的身体と物的身体との波長の懸隔があまりにも大きいからである。

光のスペクトルには人間の視覚に映じないものが無数にあり、音のスペクトルにも人間の聴覚に反応しないものが無数にあるということまでわかっている。その未知の分野についての研究がさらに進めば、いずれは霊的な領域へとたどり着くという考えは、あながち空論とは言えないのではないかと思うのであるが、いかがであろうか。

それはさておいて、死者がたどるそのあとの行程を見てみよう。やがて気がついてみると、自分の亡骸の置かれた部屋に集まっている肉親・知人のほかに、どこかで見たことのある人たちで、しかも他界してしまったはずの人たちがいることに気づく。それが亡霊といった感じではなく、生身の人間と少しも変わらない生き生きとした感じで近寄ってきて、手を握ったり頬に口づけをしたりして、ようこそと歓迎してくれる。

その中には、見覚えはないのだが、際だって光輝にあふれた人物がいて、側に立って「私のあとについて来なさい」と言って出ていく。ついていくと、ドアから出ていくのではない。驚いたことに、壁や天井を突き抜けて行ってしまう。こうして新しい生活が始まるというのである。

以上の点に関してはどの通信も首尾一貫していて、一点のあいまいさも見られない。誰しも信じずにはいられないものである。しかも、世界のどの宗教が説いていることとも異なっている。先輩たちは光り輝く天使にもなっていないし、呪われた小悪魔にもなっていない。人相や容貌だけでなく、強さも弱さも、賢さも愚かさも、たずさえた生前のその人のままである。


——『コナン・ドイルの心霊学』(コナン・ドイル著/近藤千雄訳/新潮社)

あの世(霊界)に関する確かな知識のないまま死んだ人の多くは、自分が肉体的には死んでいることをなかなか認めることができないと言われています。それは死んでもこの世と同じ身体感覚があるためです。

ですから、死んだことを納得させるために、先に他界している先祖や友人の霊が訪れて、いろいろ教え諭すのですが、多くの人はその声に耳を傾けることなく、告別式の会場に訪れた人たちに声をかけたり触ってみたりするのです。

最終的には、光り輝く存在が霊界へと導いてくれることになっているようですが、迷ったままあの世（霊界）へと旅立つことはプラスにはならないでしょう。

また、多くの宗教が教えている内容も実際は違っていると述べています。世界の名だたる霊界通信を翻訳し、研究してきた訳者ならではの見解でしょう。

一回の人生で天国行きのパスポートをもらうこともなければ、地獄行きの護送車に押し込まれることもないということです。人生の目的の一つは「学ぶこと」です。一回の人生で卒業することは無理なのです。

「楽得人生」は理想ではなく悲しむべきこと

生まれ変わり（転生）の証明となり得る四つのジャンルごとに、最も信頼できる研究内容をピックアップして紹介してきました。これで生まれ変わり（転生）が証明できたかどうかはわかりません。が、最初から申し上げている通り、ここでは生まれ変わり（転生）を証明することが目的ではありません。

もし、あの世（霊界）の存在を証明する科学的手法が開発されたとしても、では、人はなぜ死後も霊となって生き続けるのか、この世に生まれてくる意味は何か——という疑問は依然として残ります。

本章では、「人はなぜ生まれ変わるのか」という疑問の解明を通じて、「人は何のために生きるのか」、「人生の目的は何か」ということに結論を出していきたいと思います。

その結論を出すために参考になる文献をご紹介します。

以下は、『死後の世界が教える「人生はなんのためにあるのか」』（マイケル・ニュートン著／澤西康志訳／VOICE）からの引用です。

霊的な自己を知ることとは、私たちが両親、きょうだい、配偶者、親友などと共に生きている、その理由を理解することなのです。身近な人から痛みや喜びを与えられるとき、そこにはなんらかのカルマ的な目的があります。ここで覚えておくべきことは、私たちは自分自身のレッスンを学ぶためだけでなく、他人の学びのドラマのなかでも役を演じるために、この世にやって来ているということです。

——『死後の世界が教える「人生はなんのためにあるのか」』
（マイケル・ニュートン著／澤西康志訳／VOICE）

比較的短い文章ですが、重要なポイントをピックアップして少し解説します。

① 私たちがこの世で、両親、きょうだい、配偶者、親友などとともに生きている理由を理解することで、霊的に自己を知ることができる。

② 身近な人から痛みや喜びを与えられるときは、そこにカルマ的な目的がある。私たちは自分自身の学びのためだけでなく、他の人たちの学びのドラマのなかでも役を演じるためにこの世に生まれたのだ。

前に「袖振り合うも多生の縁」という言葉について説明しましたが、人生で出会う人は前世でもふれあいがあった人だという意味でした。道ですれ違っただけの人でもそうなのであれば、特に身近な人との関係には深いカルマ的意味があると考えるべきでしょう。「前世の因縁」をこの人生に持ち越しているのです。

この人生では協力関係という形もあれば、対立関係という形をとることになるかも知れません。いずれも、お互いの学びのために、この人生で役を演じているということです。

たとえば、前世で自分がいじめた相手（たとえば妻）に償うため、今回は自分がその人の妻の立場で、夫からいじめを受けて苦労をするという形でカルマを解消する、というパターンが考えられます。これには「よくないカルマの清算」という意味と、「気づきを得て魂を磨く」という二つの意味が含まれています。カルマの持つ「覚醒を促すはたらき」です。

そして、カルマはただ自分が学び、覚醒するためだけでなく、相手の学びの材料を提供し、覚醒の手助けをするという役割も担わせるのです。

自分の人生では自分が主人公ですから、自分の学びと覚醒のために他の人たちが脇役として登場しますが、他の人たちもそれぞれが自分の人生の主人公なのです。それぞれ自分の学びと覚醒のため、あなたを含むたくさんの人を人生の脇役としてそろえているということになります。そのような人生の登場人物の配置は、個人の浅はかな知恵や好みで決められるのではなく、深い深い「奥の心（無意識）」のなかで洞察され、絶妙なバランスで主役と脇役の配置が決められていると考えるべきでしょう。

ここで「人はなんのために生まれ変わるのか？」という命題の結論を次のように整理しておきたいと思います。

①　過去世のカルマの清算のため。

②　新たな試練への挑戦を通じてより深い気づきを得るため。

③　縁のあった他者の気づきと覚醒に協力するため。

そのためには、人生にはさまざまな「試練」が必要なのです。

たとえば、肉体的にも経済的にも恵まれた条件のもとに生まれ、何一つ不自由することなく学業を終えて、仕事の方も順調で大きなトラブルもなく、理想のパートナーと巡り会って結婚し、子供にも孫にも恵まれ、老後はファミリーに囲まれてゆったりと幸せな家庭生活を送り、大きな病気もせず安らかにあの世（霊界）に旅立った、というような人生があったとすれば、それは何のための人生だったと言えるでしょうか。これこそが、今日多くの人が理想としている「楽得人生」と言えるでしょう。

現実には、外からの見た目は別として、このような人生が存在するとは思えません。それはまさに「意味のない人生」だからです。

つぎの「試練編」で、そのあたりのことをじっくり考えてみたいと思います。

第4章　試練編

――苦しみはよくないカルマを掃き出すほうき

苦しむことでよくないカルマが消化されていく

人生における試練はなんのためにあるのでしょうか。
なぜ人は様々な苦しみ（心を痛める出来事）を体験しなくてはいけないのでしょうか。
――このような疑問に対する答えを考えるのが本章の目的です。

ここでは、人生における試練の意味を考える上で参考になる書籍の内容を引用して、私の解釈を述べていきたいと思います。

最初は『チベットの生と死の書』（ソギャル・リンポチェ著／大迫正弘、三浦順子訳／講談社）からの引用です。

何であれ、今起こっていることは過去のカルマの反映なのだ。そのことを知っていれば、苦しみや困難に見舞われても、それをことさらに失敗や破局と見ることはなくなる。あるいは苦難を何かの罰であると思ったりすることもなくなる。自分を責めたり、自己嫌悪におちいることもなくなる。くぐり抜けてゆかねばならない苦痛を、過去のカルマの完成、過去のカルマの結実と見るようになるのである。

チベットでは、苦しみは「悪いカルマをきれいに掃き出すほうき」だという。一つのカルマが完了したことをむしろ喜ぶべきなのだ。「幸運」すなわち良いカルマの結実は、上手に利用しないとまたたくまに過ぎ去ってしまうかもしれないし、「不運」すなわち悪いカルマの結実は、実は成長のためのまたとないチャンスなのかもしれないということを、私たちは知るべきなのだ。

――『チベットの生と死の書』（ソギャル・リンポチェ著／大迫正弘、三浦順子訳／講談社）

いま自分が直面している運命が苦難に満ちたものであったとしても、それは偶然そうなったのではなく、過去（または過去世）で自分がつくったよくないカルマを反映したものだということです。

仏教の「自業自得」と同じ意味です。自分が受け取っているのは過去に自分がつくったカルマ（業）の結果なのに、多くの人は苦難に直面すると「私はなんて運が悪いのだろう」と嘆きます。

しかし、この世での苦しみによって、過去につくったよくないカルマが消えていくわけですから、むしろ喜ばなくてはいけないのです。逆に、この世での「幸運」に有頂天になっていると、そのとき「慢心」というよくないカルマをつくることになり、せっかくの「カルマ貯金」を食いつぶしていく、と述べています。

もちろん、ただ黙々と苦難に耐えるのでなく、苦難を乗り越えることを通じて自分を磨くという心構えが大切なのです。

チャンスの女神に後ろ髪がないのはなぜ？

「不運」は悪いカルマの結実ということですから、成長のためのチャンスにしないといけないということです。

しかしながら「不運」の渦中にいるときに「今がチャンスだ」と考えることはなかなか難しいものです。

一般的に「チャンス」と言えば、たとえばスポーツ競技の代表選手に選ばれて栄光への切符を手にしたときのことを想像します。つまり「幸運」と思える状況に立たされたときに「チャンスが来た！」と考える人が多いのではないでしょうか。

逆に「君にチャンスをあげよう」と言って、レギュラーの選手を補欠に落とす監督はいないはずです。補欠に落とされた選手が「チャンスをいただきありがとうございます！」と監督にお礼を言う姿もイメージしにくいものです。

「チャンス」とは、与える方も受ける方も、それが成功へのステップになるとわかる形のものだからです。

ところが、ここでは一見不運に思える内容のことを「またとないチャンス」と言っているのです。なぜでしょうか？

このことを理解するのにぴったりの格言があります。それは、「チャンスの女神に後ろ髪はない」という西洋のことわざです。

チャンスの女神と出会っても女神だとは気がつかずに、すれ違ったあと振り返ってから女神だと知り、あわててつかまえようとしても、女神には後ろに髪がないからつかめない、という内容です。

このことわざには非常に深い意味が込められています。

つまり、チャンスの女神は前から見ても、それが女神だとは気がつかないような風貌をしている、ということを言っているわけです。

最初からチャンスの女神とわかっていれば前髪をつかんで放さなかったはずなのに、顔を見ても女神だとは気がつかず、通り過ぎたあとで気がつくのはなぜでしょうか。

それは、チャンスの女神は前から見たらとても女神とは思えない風貌をしているからです。

まるで貧乏神のような「不運」そのものの顔をしているということです。

だから、ほとんどの人がそれを「チャンス」とは思わず、ふてくされたり、将来を悲観して自暴自棄になったりして、せっかくのチャンスを逃してしまうのです。

チャンスをものにした人だけが後ろ姿の女神に気づく

では、女神だと気づいた幸運な人だけがチャンスをものにできるのか、ということになりますが、実はそうではないのです。

正しくは、チャンスをものにした人だけが、自分が出会った貧乏神が実は女神だったことに気づくのです。

人生においては、いろいろな形で貧乏くじを引かされ「不運」に思うことがあります。

サラリーマンであれば、左遷されたり、過酷な現場に回されたりして、「不運」という受け止めをする局面がいろいろと考えられます。

また、学生時代でも、さきほどのたとえのように、運動選手が監督からレギュラーを外されて補欠ということにされた場合は、チャンスに見放されたと受け止める人がほとんどでしょう。

将来を悲観し、場合によってはそのスポーツをやめてしまうかもしれません。しかし、そのときにくじけてしまうのではなく、なにくそという気持ちで人一倍の努力をした結果、やがて栄光を勝ち取ったという成功談はよく耳にします。

スポーツの場合は短期間で結果が出ますが、人生という〝競技〟は挫折と栄光が複雑に混ざっていて、レギュラーを外されたような思いをする局面がたびたび現れます。

そのたびに、落胆したり、逃げ出したりする人と、くじけることなく逆境に立ち向かった人の間には、大きな違いが生まれます。逆境にくじけず、やがて人生の大きな成果を手にした人がしみじみと過去を振り返り、逆境と思った状況が実はチャンスだったのだ、と気づくのです。

そういう意味では「チャンスの女神に後ろ髪はない」ということわざは、「チャンスの女神は貧乏神のような顔をしている」と言い替えてもよいでしょう。

要するに、「逆境こそがチャンスなのだ」ということです。

チベットで古くから口頭伝授されてきた教えの真髄も、カルマの法則をきっちりとらえていることがわかります。「苦しみは悪いカルマをきれいに掃き出すほうき」という言葉は大変わかりやすいと思います。

そして、悪いカルマの結実として現れる「一見不運な出来事」は、「成長のためのまたとないチャンス」なのです。そのことを通じて、自らの「好ましくない心の癖」に気づき、「身・口・意」の修正をしていかなくてはいけないということです。

人生の目的を達成するのに楽な道などない

もう少し「人生の試練」に関する参考文献をひもといてみましょう。

以下は『死後の世界からの声《メッセージ》』（メアリー・T・ブラウン著／大野晶子訳／同朋舎出版）からの引用です。


肉体的、感情的成長はすべて、この世で行なわれる。私たちが経験するそれぞれの人生は、魂が学ぶための場なのだ。辛苦一つひとつが、それを乗りこえ、最終的には自己を完成させる

ために直面する試練なのだ。輪廻転生のおかげで、この教育は人生から人生へとくり返し続けられる。霊魂は、自身をさらに進歩させるため、肉体に宿るのだ。

(中略)

自己の完成に近道などない。悟りの境地に至るのに、簡単な道のりなど存在しないのだ。その過程の大部分は、つらく苦しいものだ。私たちはみな、自分自身の選択によって勝ち得た経験を引きつけることによって、試されているのだ。苦痛は、解決すべき問題が存在していることを教えてくれる。人生とは、魂の改良を模索する研究室のような場所だ。人間は、あらゆる経験を楽しく味わいながら、そこから学び、いまの人生を最高のものにしなければならないのだ。

――『死後の世界からの声《メッセージ》』(メアリー・T・ブラウン著/大野晶子訳/同朋舎出版)

重要なポイントについて私の解説をつけておきます。

最初に注目しないといけないポイントは「肉体的、感情的成長はすべて、この世でおこなわれる」ということです。

私たちはあの世(霊界)に行っても「霊体」となって生き続けますが、魂を磨くのに最も適切な場所はこの世なのです。また、過去のカルマの清算もこの世でしかできないのです。

このことが「何のためにこの世に生まれるのか」という「生まれ変わり（転生）」の目的を明らかにしています。「霊魂は、自身をさらに進歩させるため、肉体に宿るのだ」と述べています。肉体はこの世で魂を磨くための乗り物なのです。

そして、「辛苦一つひとつが、それを乗りこえ、最終的には自己を完成させるために直面する試練」なのです。「辛苦」とは「この世で経験する苦しみ（心を痛める出来事）」を意味します

「自己の完成に近道などない。大部分は、つらく苦しいものだ」とありますが、「楽得思考」の人には耳が痛い言葉でしょう。「こうすれば幸運を引き寄せられる」というたぐいの教えは、「人生はなんのためにあるのか？」という問いに答えることはできないのです。「人よりも苦労をせずに、この世での富や名誉を手に入れることが人生の成功だ」という考えでは、よくないカルマ（カルマ借金）を積み上げることになってしまいます。

人生の目的達成の道に、決して「楽な道などない」のです。

神も仏も「痛みのない人生」など保証してはいない

次に『七つのチャクラ』（キャロライン・メイス著／川瀬勝訳／サンマーク出版）のなかの

一文を引用しておきます。

人生は、ときとしてつらいこともある。しかし霊的に見れば、私たちは、人生で体験する痛みにきちんと直面するようになっている。欧米では、神が人間のためにつくった計画が誤解されており、人生は快適で何の問題もないことが当然と考えられている。神の存在の有無を、人生の快適度で測ってしまうのだ。だが、神でも仏でも、あるいはどんな霊的な指導者であっても、痛みのない人生など保証してはいないし、それがいいとすすめてもいない。

――『七つのチャクラ』（キャロライン・メイス著／川瀬勝訳／サンマーク出版）

著者のキャロライン・メイス女史は生粋のアメリカ人ですが、人生の快適度で神の存在の有無を測るという欧米の考え方を辛辣に批判しています。

明治維新をきっかけに、このような西欧の考え方が日本にも入ってきました。

そして、戦後、アメリカ型の価値観が巧妙に植え付けられることになりました。戦後教育を受けた人たちは、いかに人生をうまく生きるかという「楽得思考」に染まっていると思われます。

「どうすれば人生で成功できるか」というアメリカ型の成功哲学は、困難を避け、欲しいものをうまく引き寄せるにはどうすればよいかという考え方が主流になっています。

お金がいっぱいあれば欲しいものが何でも手に入り、楽ができるということで、お金を上手に稼ぐことのできる人が人生の成功者と考えられています。

これを私は「楽得思考」と命名しているのです。できるだけ楽をして、得をして、人生をエンジョイすることが人生の目的だという考え方のことです。

アメリカ型の考え方が植え込まれた結果、今日では、わが国でも楽をして上手に世の中を渡っていくことが成功の姿だと勘違いをしている人が増えているような気がします。

人間関係で苦労するような仕事に就くのを避けて、株などのマネーゲームで一攫千金を狙い、終日パソコンやスマホとにらめっこをして株価の変動に一喜一憂している人もいるようです。

しかしながら、「楽をしたい」「苦しいこと、辛いことは避けたい」と、人生の試練から逃げ回る人は、最終的には背負いきれない「カルマ借金」を一度に清算しなくてはならなくなり、悲惨な結末を迎えることになるでしょう。

「人生で直面する苦難や困難にくじけず、自らの努力によってそれを乗り越える力を身につける」ということは大切な「人生の目的」なのです。

子どもを育てるときの親の気持ちになって考えてみればわかります。子どもを甘やかしてばかりいれば、将来どんな大人になるでしょうか。親の庇護がなければすぐに挫折してしまう弱い人間になるかもしれません。あるいは、非行に走って罪を犯すような人間になることも考えられます。現代社会はまさにそのような状態になりつつあるのではないでしょうか。

遺書まで書き綴っていた私の自殺未遂体験

時として人は、人生の苦難から逃れるために自ら命を絶つ場合があります。それが自殺です。人が自殺を考えるときは、一般的には死ぬことの恐怖よりも辛い人生の局面に出会ったときです。鬱病やノイローゼ的な症状で、深く考えられない状態のまま命を絶つケースもあるとは思いますが、それでもそれまでの人生において苦しい状態が続き、命を絶つことでその苦しみから逃れようという気持ちがまったくなかったとは言えないでしょう。

実は、私自身も学生時代、目標のないだらだらした生活に嫌気がさして、真剣に自殺を考え、遺書まで書き綴った体験をしているのです。そういう意味では、自殺を考える人の気持ちの一端は理解できるような気がします。

あの世（霊界）に関する知識がまったくなかった当時の私は、人は死んだら無に帰するので、悩みや苦しみはすべてなくなると思っていたのです。

問題は「どういう方法で命を絶てばよいのか」ということでした。

「首を吊って死んだ人は恐ろしい形相になる」と聞いたことがありましたので、まず薬局に睡眠薬を買いに行きましたが、医者の処方がないと販売してもらえないことを知りました。当時愛読していた太宰治の小説のなかに「お湯のなかに手首をつけてカミソリで動脈を切断すれば眠るように死ねる」という一節がありました。

大量に出血するのではと気になりましたが、結局その方法を採用することにして、故郷にいる年老いた両親へのお詫びも含めて遺書を書き綴っていたのです。

しかし、当時つきあっていた女性が、留守中に私の部屋に入って遺書を発見し、大騒ぎをされたことで、自殺を思いとどまることになりました。もし、あのとき死んでいたら、私はいまもなおあの世（霊界）とこの世の狭間（幽界）で苦しみ続けていたかもしれません。今では「自殺しなくてよかった」と、私の遺書を盗み読みした女性に心から感謝しています。

死ぬとこの世での苦しみは消えてしまうのか

自殺を考えるときは、死ぬことによって苦しいこの世から脱出して楽になろうと考えるのでしょう。

はたして、死ぬとこの世での苦しみは消えてしまうのでしょうか。

物質でできているこの世では「心」が形になるまでに時間がかかりますが、あの世（霊界）では瞬時に形が生まれると言われています。

あの世（霊界）でも「心のメカニズム」の通り、「恐れる心」は恐れるものを引き寄せるのです。しかも、瞬時に。そして、「倍返し」で。

ということは、この世で生きることに苦しみを感じていた人が自殺をすれば、その苦しみはあの世（霊界）でもつきまとうということです。しかも、「苦しい」と思う心はすぐに「苦しい」状況を引き寄せ、「心」の中身が増幅する「倍返し」効果によって、ますます「苦しい」状況が加速していくことになります。

恐怖心は恐怖心を加速し、憎しみは憎しみを加速するのです。人は死ぬときの心の状態をあの世（霊界）で再現するといわれるのはこのことです。

自殺するときの心の状態は決して楽しいものではないでしょうから、自殺した人（霊）がどのような状況に置かれるかは容易に想像することができます。

自殺しても、この世での苦しみや寂しさ、悲しさ、むなしさ、恐怖心などは消えることなく、むしろ増幅されて心を痛め続けることになるのです。

この世でいかに苦しくても、自殺という選択だけはしてはいけないということを声を大にして申し上げたいと思います。

自殺の大多数は「臆病者の逃避行為」である

自殺した人があの世（霊界）に逝ったとき、普通に死期を迎えて亡くなった人と何かが違うのでしょうか。それには霊界通信を参考にするしかありません。

霊界通信のなかでは世界的に最も信頼できると言われている「シルバー・バーチの霊訓」に目を向けてみたいと思います。

以下は、『古代霊は語る』（近藤千雄訳編／潮文社）からの引用です。

（問）自殺した者は霊界ではどうなるのでしょうか。

（シルバー・バーチ）　それは一概には言えません。自殺するまでにどんな地上生活を送ったかにもよりますし、どういう性格だったかとか、霊格の高さにもよります。何といってもその動機が一番です。キリスト教では自殺のすべてを一つの悪の中にひっくるめていますが、あれは間違いです。地上生活を自らの手で打ち切ることは決していいことではありませんが、中には情状酌量の余地のあるケースがあることも事実です。

（問）でも、自殺してよかったと言えるケースはないでしょう。

それは絶対にありません。自分の生命を縮めて、それでよいはずはありません。しかし、「自殺した者はみんな、死んだ後は暗黒の中で何千年、何万年も苦しむ」という説は事実に反します。

（問）自殺行為は霊的進歩のさまたげになりますか。

もちろんです。

（問）「神は耐えきれないほどの苦しみは与えない」とおっしゃったことがありますが、自殺に追いやられる人は、やはり耐えきれない苦しみを受けるからではないでしょうか。

それは違います。その説明として、まずこれには例外があることから話を進めましょう。いわゆる精神異常者の場合、霊的に言えば憑依霊の仕業による場合があります。しかし、この問題は今は触れないでおきましょう。いずれにせよこのケースはごく少数なのです。

大多数は、私に言わせれば「臆病者の逃避行為」にすぎません。果たすべき義務に真正面から取り組むことができず、死んでこの世から消えることがその苦しみから逃れる一番楽な方法だと考えるわけです。ところが死んでも、というよりは死んだつもりなのに、相変わらず自分がいる。そして逃れたはずの責任と義務の観念が依然として自分につきまとう。その精神的錯乱が暗黒のオーラを造り出して、それが外界との接触を遮断するのです。そうした状態のまま何十年も何百年も苦しむ者がいます。

しかし、既に述べたように、一番大切なのは「どんな動機で自殺したのか」ということです。ままならぬ事情から逃れるための自殺は、思惑通りにはいきませんが、動機が「利己主義」ではなく「利他主義」に発しているとき、つまり「自分がいなくなることが人のためになる」という考えに発しているときは、たとえそれが思い過ごしであったとしても、さきほどの「臆病心からの自殺」とはまったく違ってきます。


――『古代霊は語る』（近藤千雄・訳編／潮文社）

人の悪口は言わないシルバー・バーチが、自殺者に対しては「臆病者の逃避行為」という厳しい表現をしています。死んでこの世から消えることが苦しみから逃れる一番楽な方法だと考えることの安易さを非難しているのです。

自殺したはずなのに、あの世（この場合は幽界）で自分がまだ生きていることに驚き、精神的錯乱状態になったまま何十年、何百年も苦しみ続けることもあると述べています。自殺がいかに危険な行為であるかがわかります。

自分で人生を終わらせても苦しみからは逃れられない

次は、霊能者としてアメリカで活躍されてきた女性の、自殺に関する見解です。

『死後の世界からの声《メッセージ》』（メアリー・T・ブラウン著／大野晶子訳／同朋舎出版）から引用します。


新聞には、苦しみに終止符を打とうと自殺を選んだ、さまざまな人々の話があふれている。世の中には、自殺の方法を詳細に記したベストセラー本まで出回っているのだ。悲しいことに、この現象は大人の世界に限られたものではない。現在では、恐ろしいほどの数のティーンエージャーたちまでが、自らの命を断っている。まるで、自殺など日常茶飯事のことで、人生の試練に対処するための新たな方法として認められていると言わんばかりだ。

だが、自殺は断じて認められない。それは、魂に対する憤怒の行為なのだ。物質界の人生を断ち切った人間は、生きることもなく、死ぬこともない。その人の本来の死期（自殺しなかった場合に、その肉体が死ぬはずだった時期）が訪れるまでのあいだ、魂はこの世と霊界のあいだに挟まれて暮らすことになる。この状態——死とも、生とも言えない状態——で存在するというのは、実に恐ろしいことだ。

結局、人生を終わらせたところで、苦しみから逃れるわけではない。自分を殺すというのは不可能だ。なにしろ、だれも死んだりはしないのだから。死ぬわけではなく、かたちを変えるだけだ。将来生まれ変わったとき、前世で自分を自殺へ追い込んだのと同じ問題が、また生じてくることになる。来世で繰り返さなければならないのなら、現世でその問題に立ち向かったほうが賢明だ。

肉体は、神聖な預かりものだ。予定よりも早く人生を終わらせる権利など、だれにもない。悲劇ではあるが、自殺は同時に卑劣な行為でもある。だれだって、肉体的あるいは精神的な苦痛、憂鬱、絶望、不治の病、破産などといったものに苦しみたくはない。多くの人々が、苦しいとき、あるいは生活の質が一変したとき、自らの命を断つ権利があるはずだと考えている。だが現世を終わらせたからと言って、どんな苦しみからも逃れられはしないのだ。この点は、声を大にして言いたい。

――『死後の世界からの声《メッセージ》』（メアリー・T・ブラウン著／大野晶子訳／同朋舎出版）

メアリー女史も、豊富な霊界知識を持つ霊能者の立場から、自殺によってこの世の苦しみから逃れることはできないことを「声を大にして」力説しています。

自殺を思いとどまってアトピーのカルマを克服した

実は、私の娘（長女）も自殺を考えたことがあることを、だいぶ大人になってから母親である私の妻に告白していたようです。長女は子供のころからアトピー性皮膚炎で、当時はまだ一般的ではなかったため、私たちにも知識がなく、病院の処方に従ってステロイド系の薬を使っていました。それは一時的に皮膚をきれいにしてくれますが、薬効が切れるとすぐに症状が戻り、薬の使用量が増えていくという麻薬的なものでした。

小学校時代はクラスの友達から「汚い」とか「うつるからあっち行け」といじめられ、精神的にも参っていたようです。大学を出て社会人になっても症状はよくならず、夜中に長女の部屋から、半分寝言で泣きじゃくりながら体中をかきむしる音が聞こえ、父親としても胸を痛めたものでした。

おそらく、その頃に自殺が頭をかすめたのではないかと思います。

しかし、長女は、自殺だけはしてはいけないと心に決めていたようです。私がときどき家族に話していた霊界の知識に影響された結果でした。

私は、長男を生後六カ月で失って以降、もともと興味のあったスピリチュアリズム関係の書籍を読みあさるようになり、「死後の世界」についてかなり広範な知識を得ていたのです。その知識の一端をときどき家族にも披露していたのでした。

そのなかに、「人は自殺したら霊界でもっとひどい状況になる」という内容も含まれていて、長女はそれが強く記憶に残っていたようです。結果として、私が披露した霊界の知識が長女の自殺を踏みとどまらせることになったのです。

長女は、アトピーで皮膚がかさぶた状になっていたこともあってか、「私は結婚はしたくない」と口癖のように言っていたのですが、今は結婚して幸せな日々を送っています。

しかも、結婚後はアトピーの症状もほとんど出なくなり、そのことも長女を快活にしてくれているようです。もし、苦しい時期に命を絶っていれば現在の幸せな日々はなかったわけですから、「自殺に逃げてはいけない」という見本とも言えそうです。

私流に解釈しますと、「皮膚がかゆい」という症状となって現象化する長女のカルマが出尽くしたのではないかと思っています。今では長女の口から、いろんなことに対する感謝の言葉がよく出るようになっています。今後は決して自殺の誘惑に駆られることはないでしょう。

神様は人が背負い切れない荷物は背負わせない

「苦しい時の神頼み」という言葉がありますが、人生で行き詰まったとき「神様（無限の力）」に救いを求めるのは昔からおこなわれていることです。

しかしながら神様は、困っている人をいつでも無条件に困難から救済してくださるわけではありません。なぜなら、人が人生で直面する苦難はすべてその人の成長を促す「試練」として準備されたものだからです。

わが国には「可愛い子には旅をさせよ」ということわざがあります。

子どもの成長を願う昔の親は、子供が幼いうちから他家に奉公に出すことをしました。親のそばに置いて生活万般の面倒をみてあげたい気持ちを抑え、自分の目の届かない他人の家に送り出す親の気持ち――その親心こそが深い深い神の愛と言ってもよいでしょう。

人間の進化に「試練」すなわち苦難は必要なのです。それは、重い荷物を背負うことによって肉体の力がついていくのと同じ原理だからです。

ただし、ありがたいことに神様（大宇宙の心）は、その人間がその時点で背負いきれないほどに重い荷物（＝試練）は決して背負わせないのです。その人の体力（＝精神力）を見極めたうえで、最も効果的な重さの荷物が与えられることになっています。簡単には背負うことはできませんが、必死の思いで力を発揮すれば、かならず背負うことができる重さの荷物なのです。

そのようにして荷物を背負う力が強くなるのに応じて、更に重い荷物（＝試練）が与えられていくことになります。ちょうど重量上げの選手が、少しずつバーベルの重さを上げて力をつけていくのと同じ原理です。

試練があるから、人の魂は進化・成長する

この章の結論を私流の表現で簡単にまとめておきましょう。

① 人生に「試練」はついてまわります。それは人を磨くために神様から与えられた宿題のようなものです。

② その宿題にはかならず解決策（答え）が隠されています。真剣に取り組めば答えは見つかるようになっているのです。行き詰まったときは、人事（自分ができる努力）を尽くしたう

えで、あとは天（神様の無限の力）に任せれば、かならず解決策がみつかることになっています。

③　宿題から逃げても、同じ問題にかならず人生のどこかの局面で直面することになります。つまり、解き終えるまでその宿題はなくならないのです。

④　一つの宿題を解き終えると、少しレベルを上げた次の宿題が出されます。

⑤　そのようにして、次々と「試練」を乗り越えながら、魂が磨かれ、人は進化・成長していくのです。

第5章　運命好転編

――天災と幸運は忘れたころにやってくる

現在の私は過去につくったカルマが現象化したもの

前章の「試練編」では、これまでの人生でつくってきたカルマが現実となったときに、その現実をどのように受け止め、対処すべきかということについて考えてきました。言わば過去の「カルマ借金」を清算する方法についての処方箋でした。

本章では、これから先の人生で不幸や不運の原因となる「カルマ借金」をつくらないための心構えについて考えていきます。

参考にするのは、偉大な賢哲として世界的に有名なお釈迦様（ブッダ）とイエス・キリストの教えです。いずれもその教えをもとに宗教団体が生まれ、多くの信者を束ねる大組織に発展しています。

その結果、せっかくの教えがそれぞれの宗教の信者だけのもので、それ以外の人には関係ないという受け止めをされがちです。その宗教の門をたたかないと、御利益にあずかれないと思われているのです。

各宗派を合わせるとわが国最大の信者をかかえる仏教の場合、修行を積んだお坊様にお経を唱えてもらうことで御利益が得られると考える人が多いでしょう。お経を唱えてもらうのは、誰かが亡くなったときです。お通夜、葬式、初七日、四十九日といったように、人の死が起点になっています。そのため、仏教のことを「葬式仏教」と揶揄する声もあるくらいです。仏教と聞くと線香のにおいを思い浮かべる人が多いかも知れません。

一方、イエス・キリストの教えを伝える新約聖書も、キリスト教の信者の持ち物という理解がされています。一般の人からは、洗礼を受けて信者になった人だけがその教えの御利益にあずかることができるという認識がされているのです。

しかし、この偉大な二人の賢哲の教えは、そのような一宗教団体の信者だけのために生まれたものではないのです。

お釈迦様もイエス・キリストもカルマの法則を説いている

実は、お釈迦様の教え（仏教）もイエス・キリストの教え（新約聖書）も、ともにカルマの法則（原因と結果の法則）についての教えなのです。

仏教の場合は「因果応報」という表現で知られるように、カルマの法則（原因と結果の法則）そのものの教えであることがわかります。人の日々の生き方に関する処方箋ともいうべきもので、決して葬式のときにだけ出番が来る教えではありません。

一方、イエス・キリストの教え（新約聖書）も、仏教と同様、まさにカルマの法則（原因と結果の法則）と言うべき内容なのです。

本章では二人の賢哲の教えが同じ内容であることを確かめながら、人生を左右するカルマの法則（原因と結果の法則）の真髄をご紹介していきます。

次の二点に留意して読み進んでください。

① どちらも宗教団体の信者のためだけに説かれた教えではないこと。

②「できれば守った方がよい」という道徳律ではなく、「守らないと自分が痛い目に遭う」と

いう戒めであること。

道徳律とカルマの法則はどこが違うか

道徳律は「できるだけ守った方がよい」という教えですが、守らないからといってかならずしも自分が困るわけではありません。

たとえば「弱い立場の人をいじめてはいけません」という教えを道徳律としてとらえると、「いじめられる人がかわいそうだから、いじめてはいけない」という解釈になるでしょう。

一方、カルマの法則（原因と結果の法則）は、「弱い立場の人をいじめると、自分が困ることになるから、いじめてはいけない」という教えなのです。

「カルマ」を「重力」にたとえて説明しましょう。

この地球は「重力」がはたらいているので、高いところの物は地面に引き寄せられます。私たちがこの「重力」を無視したり、逆らったりすると痛い目に遭います。高いところから不用意に飛び降りれば、重傷を負うことも考えられます。

ですから「高いところから不用意に飛び降りるとけがをするから、注意しなさい」というのが「重力」に関する教えということになります。

この「重力」に相当するのが「カルマ」なのです。カルマを無視したり、逆らったりするのは個人の自由ですが、結果的には人生のなかで痛い目を見ることになります。重力と比べて大きく違うのは、法則を無視したときに、結果の現れるのが非常に遅く、また原因と結果の関係が複雑でわかりにくいことです。

私たちは「重力」のはたらきを知っていますので、高いところから飛び降りるときは慎重になりますが、カルマのはたらきには気づかないまま、将来のけがの原因をつくり続けているのです。

痛い目に遭いながらも同じ原因をつくり続けるという点で、カルマは重力よりも対応が難しいと言えるでしょう。

「人は誰でも身・口・意を清めることを心がけなさい」

それではこれからお釈迦様（ブッダ）の教えをひもといていきましょう。

膨大なお釈迦様（ブッダ）の教えをコンパクトにまとめた『仏教聖典』（仏教伝道協会）を参考にします。

道を求めるものは、常に身と口と意の三つの行ないを清めることを心がけなければならない。身の行ないを清めるとは、生きものを殺さず、盗みをせず、よこしまな愛欲を犯さないことである。口の行ないを清めるとは、偽りを言わず、悪口を言わず、二枚舌を使わず、むだ口をたたかないことである。意の行ないを清めるとは、貪《むさぼ》らず、瞋《いか》らず、よこしまな見方をしないことである。

――『仏教聖典』（仏教伝道協会）

ここにはカルマの法則（原因と結果の法則）のエッセンスがわかりやすく整理されています。ただ、問題なのは、冒頭の「道を求めるもの」という表現です。このひとことで、せっかくのお釈迦様（ブッダ）の教えが誤解されることになります。

「道を求めるもの」とは文字通り「求道者」ということで「仏道の修行をするお坊様」をイメージしてしまうでしょう。仏門に入って悟りへの道を歩む、いわば「特殊な人たち」に向けた教えだと誤解されてしまうのです。

しかしながら、カルマの法則（原因と結果の法則）は修行僧だけが学び、守らなければならない教えではありません。

お釈迦様（ブッダ）の教えが心に関するものであることから、「心を持って生きている人間はだれでも、常に身と口と意の三つの行ないを清めることを心がけなければならない」と読み替えておきます。

このなかから次の九項目をピックアップし、解説することにします。

◆身（行為、態度）

①　生き物を殺さない。
②　盗みをしない。
③　よこしまな愛欲を犯さない。

◆口（言葉）

④　偽りを言わない。
⑤　悪口を言わない。
⑥　二枚舌を使わない。
⑦　無駄口をたたかない。

◆意（心＝「見える心（顕在意識）」）

⑧　むさぼらない。

⑨　怒らない。

それでは、一項目ずつ解説していきます。

小魚の命と哺乳動物の命を同じと考えてはいけない

①　生き物を殺さない。

「生き物」という場合、どこまで含まれるのかということです。

かつて仏教国チベットをテーマにした映画では、土を掘り返すときに土中のミミズを殺す心配があるので気をつける、というシーンがありました。

もしお釈迦様（ブッダ）の教えがミミズの一匹も殺してはいけないということであれば、畑を耕すこともできないことになってしまいます。

ここでは詳しい説明は省略しますが、人間以外の生き物の場合は、個々の生き物がひとつのグループ（種）になって魂を形成していますので、種が存続できる範囲では、それぞれ捕食者の餌となることを前提に大量に生まれてくるようになっているのです。

魚などのように、一度に何千、何万と大量の卵を生み、その卵がふ化して成長していく過程で捕食者の餌になっても種を存続させていけるという生き物は、生態系の食物連鎖の秩序を維持するための大切な役割を担っているのです。もし捕食者がいなければ、異常繁殖をして自滅の道を歩むことがわかっています。

ですから、「殺してはいけない」ということで、たとえばアリ一匹を殺してもよくないカルマをつくる、というほど神経質になる必要はないのです。

カルマの法則の視点からは「何のために殺すのか」という「殺す理由、殺す目的」が問われますので、遊び半分に生き物の命を奪えばカルマの「収穫の法則（引き寄せの法則）」でよくないカルマをつくりますが、魚などは、人の食生活に供する程度の殺生であれば深刻なカルマを生むことはないと考えてよいでしょう。

一方、一生の間に限られた数の子供しか産まない哺乳動物の場合は、少し事情が違ってきます。毛皮や牙を得るためにアフリカではライオンや象などの密猟がおこなわれ、絶滅したり、今後に絶滅が危惧されている生き物がたくさんいます。

そういう生き物は、人間と変わらない心を持っていますので、殺されるときには強い恐怖心に駆られ、また怒りを示します。当然、殺す側はよくないカルマをつくることになるでしょう。

では、殺して食べることを目的に飼育されている牛や、豚、鳥などの場合は、殺しても問題はないでしょうか。家畜であれば、殺されるときに恐れたり、悲しんだりしないのでしょうか。

屠殺現場を見た人は、余りにも残酷で悲惨な光景が目に焼き付いて、その後は肉が食べられなくなるといいます。

殺される家畜の心のはたらきは、よくないカルマとなって肉を食べる人に分け前が行くと考えるべきです。肉食に起因する病気に罹患しやすくなる、という形で、よくないカルマの現象化が進むと思われます。

本書ではこれ以上の深入りはしませんが、「生き物を殺してはいけない」というお釈迦様（ブッダ）の教えを理解する一助にしていただければ幸いです。

殺人の疑似体験は恐怖心のカルマを蓄積する

文明国では「人を殺す」ことを法律で禁じていますので、「人は殺してもよい」と考える人はいないでしょう。犯罪や戦争などで人が殺されるケースはありますが、カルマの法則（原因と結果の法則）の視点から、あえて「人を殺してはいけない」ことを取り上げる必要性を感じません。

ここで問題にしたいのは、テレビや映画などで人が殺されるシーンを見て、殺人の疑似体験をする場合のカルマの問題です。脳を通じて私たちの「奥の心（無意識）」に送られてくる情報は、それが映画やテレビドラマであっても、自分が体験したことと同じように蓄積されていくのです。

見ている人には殺意はなくても、主人公が悪役をかっこよく殺害するシーンを見て痛快な気持ちになれば、殺人を体験したこととまったく同じ結果になります。これが疑似体験です。「奥の心（無意識）」は実際の体験と映像のなかでの体験の違いを区別することはできないのです。

人が殺される映画やテレビを見ることによって、人は知らぬ間に「殺人体験」をして、「奥の心（無意識）」には「殺す側の痛快な気持ち」が蓄積されます。

その結果、次第に「生き物を殺すこと」に対する抵抗感が弱くなっていきます。「生き物の命は大切にしなくてはいけない」という「みんなの心（集合的無意識）」とのつながりが弱くなっていくのです。

その傾向が最も強く現れている国が現在のアメリカでしょう。

ハリウッド映画は西部劇からはじまって、戦争もの、スーパーヒーローもの、宇宙人もの、モンスターものなど、相手が「悪」や「敵」であれば殺して当然とばかりのストーリーになっています。「悪」のレッテルを貼られた登場人物は、銃やそれに類する武器で虫けらのように殺されていきます。主人公が「悪人」や「悪玉」を殺すことには何の抵抗も感じることなく、むしろ痛快感を覚えるような映画のオンパレードです。

その結果、今日のアメリカ社会の現状はどうなっているでしょうか。アメリカ国民の「みんなの心（集合的無意識）」は、「人を殺す」ことに罪の意識を感じることが少なくなり、逆に自分が殺されることをおびえる「心の癖」を根付かせてしまっていると考えられます。

アメリカではテロや無差別殺人などの犯罪の多発によって、簡単に人が殺される社会が出現しているのです。これには、「人殺し」が定番となっているハリウッド映画の影響が大きいと思われます。

人を殺す映画やテレビドラマ、あるいはゲームなどがよくないカルマをつくるのは間違いありません。「君子危うきに近寄らず」です。そのような映画やテレビはできるだけ見ないほうがよいのです。

人のモノを盗めば自分が困ることになる

② 盗みをしない。

「盗む」という行為も、文明国では法律で禁じています。

「人の物を盗んではいけない」というのは誰でも知っていることです。

しかしながら、人に気づかれないように盗むとか、法律の網をうまくすり抜ければ、盗んでも罪になりません。国や会社の金を横領しても、法律に触れなければ罪には問われないのです。ですから、まずは見つからないように、わからないように盗めばよいのだという考え方が生まれます。

次に、盗んでも法律に触れなければ罰されないため、いかに法律に触れない方法で盗むか、というテクニックを研究することを考えます。

「オレオレ詐欺」や万引きが大きな社会問題になっている日本も、今では泥棒天国になっているると言わざるを得ない状況です。

お釈迦様（ブッダ）やイエス・キリストが「殺してはいけない」と並んで「盗んではいけな

い」と戒めているのは、もちろん法律的視点からではありません。また、道徳的視点でもないのです。

道徳的視点では、「盗まれる人が困るから盗んではいけません」という教えになります。被害者の立場を配慮しての教えと言ってよいでしょう。

これがカルマの法則（原因と結果の法則）になりますと、「盗んだら自分が困ることになるから盗まないほうがいい」となるのです。

盗んだら自分が困る？　つかまらなければ困らないだろう？

――という声が聞こえてきそうですね。

それではその理由を説明しましょう。

盗み癖が「奥の心（無意識）」に根付くと消せなくなる

人のモノを盗むのは、もし盗まれた側がそのことに気がつかなくても、盗んだ側の「奥の心（無意識）」には盗んだという記憶が残ります。盗みが成功し、常習的に盗むようになれば、「盗む」という「心の癖」が深く刻まれることになるのです。

中国に「天網恢々疎にして漏らさず」という格言がありますが、カルマの特長をうまく表現しています。

直訳すると「天の網は目が粗いので魚が網の目からこぼれて逃げてしまうように見えるが、実際は一匹も逃がすことはないのだ」という意味です。

「網の目が粗いのでこぼれるように見える」というところが重要なポイントです。

万引きや詐欺などで盗みをはたらいた人は「誰にも見つからなかった」「自分の正体はばれていないから大丈夫だ」とほくそ笑んでいるかもしれません。

やがて、「盗む心」は癖となり、「奥の心（無意識）」に根付いていくのです。そして、さらに大きな盗みへの誘惑に落ちることになり、最後は、「盗む癖」を大反省せざるを得ない事態を迎え、覚醒を促されることになるのです。ただし、この人生でそのような覚醒のチャンスが訪れるのはまだありがたいと言えるでしょう。

「盗み癖」が根付いたまま次の生まれ変わり（転生）を迎えたとき、どのような人生になるでしょうか。盗まないと生きられない境遇か、もしくは盗むことを本業とする人生を歩むことなどが考えられます。どちらも悲惨な結末を迎えることになるはずです。

これ以外にも「盗む癖」を身につけた人がたどる人生にはいろいろなシナリオがあると思いますが、いずれにしても現在よりも心地よい人生とはならないでしょう。

今日、わが国でも増えつつある「盗み癖」を持った人たちに、天の網は粗いように見えて、決して粗くないことを力説しておきたいと思います。

心で思うだけでも姦淫はよくないカルマを生む

③　よこしまな愛欲を起こさない。

これも倫理的、道徳的視点で考えてはいけません。

お釈迦様（ブッダ）の教えもイエス・キリストの教えも、すべてカルマの法則（原因と結果の法則）の視点からの戒めであることを心にとどめておいてください。

『仏教聖典』では「よこしまな愛欲」と表現されていますが、新約聖書では「姦淫」という言葉が使われています。同じ意味で使われていると思われます。

夫婦関係において、妻または夫の心に痛みを与えるような不倫的行為を意味します。

道徳的視点では、「相手（夫、または妻）がかわいそうだから」ということになりますが、カルマの法則（原因と結果の法則）では「不倫をはたらいた本人が痛い目に遭うから」ということになるのです。

一番端的な「痛い目」は、不倫行為が発覚して修羅場が生まれ、離婚や慰謝料、子供の親権や養育費などの問題で心を痛める形です。

これは、法律が解決する問題でしょう。しかし、カルマの法則（原因と結果の法則）による真の「痛い目」はここから始まるのです。

一つはカルマの収穫の法則（引き寄せの法則）」で、浮気癖、不倫癖が「奥の心（無意識）」に根付いていくことです。

もう一つはカルマの循環の法則（ドミノ倒しの法則）で、相手に与えた心の痛みが、巡り巡って自分のところに返ってくることです。自分が不倫の犠牲者になるという形もあるでしょう。一番シンプルなカルマの循環です。しかし、カルマの「倍返し効果」によって、返ってきた心の痛みは大変大きいことを覚悟しておく必要がありそうです。

イエス・キリストも「姦淫はいけない」と教えていますが、実際の行為はもちろん、心で思っただけでも同じ結果を生むからよくない、と戒めています。

このことからも、決して道徳上の問題としてではなく、よくないカルマをつくる「心」の問題として戒めていることがわかります。

うそつき人生の結末は恐ろしいことになる

④　偽りを言わない。⑥　二枚舌を使わない。

「偽り」と「二枚舌」は「うそ」の一種で人を騙す言葉です。

「うそは泥棒の始まり」という言葉があります。人を騙すための「うそ」は、今日の「オレオレ詐欺」がその実力を発揮しています。

上手にうそをつける人が得をする社会が実現しつつあるのです。

うそをついて人を騙せば、騙された人の心に痛みを与えますので、カルマの循環の法則（ドミノ倒しの法則）によって、いつの日か自分が同じ心の痛みを味わうことになります。

また、騙しが成功すればするほど「騙す癖」「うそをつく癖」が「奥の心（無意識）」に根付きます。その癖はよほどのショックな事件に遭遇しない限り改まることはないでしょうから、カルマの収穫の法則（引き寄せの法則）によって、ますますうそをつかないと生きていけない人生が定着していくことになります。

それは生まれ変わった次の人生にも「うそをつくこと」「人を騙すこと」なしに生きていけ

ない人生として引き継がれていくのです。その結末は、想像するだけでも恐ろしいものがあると思います。カルマの覚醒のはたらきは、そのことをかならず反省させる出来事を用意するからです。

方便の「うそ」はよくないカルマをつくるのか

「うそも方便」という言葉があります。

「方便」とはもともとは仏教用語ですが、「目的のために利用する手段」ということです。もし「うそをつく目的」が善であれば、うそをついても問題ないという考え方を「方便のうそ」と言っているのです。

たとえば、助かる見込みのない重篤な病気に冒された人を安心させるために、家族や関係者が実際の医師の診断とは違う内容を告げるという場合は「方便のうそ」と言えるでしょう。「うそ」を言う理由が、「相手にショックを与えないため」ということだからです。

このように「カルマの法則（原因と結果の法則）」で最も重視しないといけないのは、「目的」「動機」「理由」でした。「なぜ、何のためにうそを言うのか」が大切なのです。

重篤な患者に、「あなたはもう助からないそうですよ」と正直に言えば、その人は大変なショックを受けるでしょう。このように、悪意のない、むしろ相手の気持ちを慮ったうそはよくないカルマをつくることはないと思われます。

あの世では自分が口にした言葉の責任を問われる

⑤　悪口を言わない。

「悪口」は、陰で他者の噂話をする姿をイメージすることでしょう。

他者の悪口が自分の口から出る場合、「なぜ（なんのために）そのような言葉を口にするのか？」という「動機」「理由」「目的」について考えてみることが大切です。

当人がいないところで人の悪口を言うのは、その人に何らかの怨み心、妬む気持ち、被害者意識などを持っているか、軽蔑している、容貌や性格、仕草などを嫌っている、といったことが動機となっているはずです。要するに自分が嫌いなタイプの悪口が言いたくなるのです。

サラリーマンがお酒の席で職場の上司や同僚、あるいは部下を肴《ネタ》にするのはよく見られる光景でした。気の合う仲間と飲みながら上司の悪口を言い合えば、その場では気持ちがすっきりするかも知れませんが、その言葉は「よくないカルマ」となって「奥の心（無意識）」に積み上がっていくことになるのです。

悪口も繰り返していると「口癖」となってしまいます。「口癖」は口が勝手に動くのでなく、「奥の心（無意識）」に根付いた「心の癖」が、肉体の脳を使って口を動かし言葉を吐かせるのです。

⑦　無駄口をたたかない。

「無駄口」は少しわかりにくいかもしれません。

「無駄」という言葉にこだわれば「愚痴」や「不平・不満」「心配事」などを口にすることではないかと思われます。そのことで何も問題は解決しないからです。病気の人が自分の病気の症状を訴えながら愚痴る言葉なども、無駄な言葉になるでしょう。愚痴っても病状が回復するわけではなく、愚痴や不満の気持ちを「奥の心（無意識）」に植え付けることになって、よくないカルマをつくるからです。

ここで参考までに、言葉について述べたイエス・キリストの教えを見てみましょう。

人の口からは心の中に溢れていることが出てくるのです。善い人は善いものを入れた蔵から善いものを取り出し、悪い人は悪いものを入れた蔵から悪いものを取り出してきます。裁きの日には、あなたがたは自分が口にしたつまらない言葉の責任を問われることになります。自分が使ってきた言葉によって、罪があるかないかの審判を受けるのです。（マタイによる福音書）

「裁きの日」というのは、イエス・キリストの預言にもある終末の日のことです。終末の日に、人は神の審判にかけられて選別されることになるのです。そのとき、人は自分が口にしたつまらない言葉の責任を問われ、罪があるかないかの審判を受ける、とあります。「なんとオーバーな！」と思われるかもしれませんが、カルマの法則（原因と結果の法則）において言葉はそれほど大きな意味を持っていると受け止める必要があるでしょう。言葉は大切にしなくてはいけないということです。

⑧　むさぼらない。

「お金を欲しがる癖」は欲を助長する

「むさぼらない」はずばり「むやみに現世利益を追いかけない」ということです。「人よりも得をして、人生を楽しもう」という「楽得思考」に陥らないことが大切です。「必要以上に欲しがってはいけない」ということです。

人が欲しがるものの代表となっている「お金」の場合は、「持っても持っても欲しくなる」という「心の癖」が身につくことになります。というよりも「持てば持つほど欲が出る」というべきかもしれません。

「拝金主義」ともいえるもので、「奥の心（無意識）」に「お金をほしがる癖」が根付きやすいということです。

今日では「お金をたくさん稼ぐことができる」ことを「人生の成功」と考える風潮がありますが、このことについてはお釈迦様（ブッダ）もイエス・キリストも正反対のことを言っているのです。

お金にはここで述べられている「むさぼる」気持ちを助長するはたらきがあります。お金さえあれば大半の欲望が充足されるからです。「人の心もお金で買える」と豪語した人もいました。

そのような考え方がよくないカルマを生む危険性を含んでいるということに気づかなくてはいけません。「できるだけ楽をしてお金を増やそう」と考えるのが、資本主義が生み出した「落とし穴」と言ってもよいでしょう。多くの人がこの「落とし穴」にはまって身動きできなくなっているのです。

イエス・キリストはそのことを「金持ちが天国に行くのは駱駝《らくだ》が針の穴を通るよりも難しい」というたとえを使って戒めています。

「むさぼらず」ということは、自分が働くことで得られる収入の枠内で生活するように心がければ、よくないカルマをつくらなくてすむということを教えているのです。

この項の最後に、お釈迦様（ブッダ）の言葉を紹介しておきます。人の「心の癖」を鋭く見通しておられることがわかる言葉です。


人間の欲にははてしがない。それはちょうど塩水を飲むものが、いっこうに渇きが止まらないのに似ている。

人はその欲を満足させようとするけれども、不満がつのっていらだつだけである。

人は欲のために争い、欲のために戦う。また人は欲のために身をもちくずし、盗み、詐欺をはたらき、姦淫する。

また、欲のために身・口・意の罪を重ね、この世で苦しみを受けるとともに、死んで後の世には、暗黒の世界に入ってさまざまな苦しみを受ける。

――『仏教聖典』（仏教伝道協会）

宵越しの怒りは持たないほうがよい

⑨　怒らない。

「怒らない」は「むやみに腹を立てるな」という戒めです。腹を立てても、それを「身・口・意」でどのように表現するかによって、カルマの質量は違ってきます。

ここはお釈迦様（ブッダ）の教えの「水に書いた文字、砂に書いた文字、岩に書いた文字」を参考に説明します。

「水に書いた文字」は、腹を立ててもすぐに思い直して、その原因となった人や出来事に対する怒りの気持ちを収めるという心の使い方です。これだと「奥の心（無意識）」によくないカルマを積むことはありません。

「砂に書いた文字」は、一度は怒りを身・口・意で表現しても、一日の終わりの時にはそのことを反省し、怒りの気持ちを鎮めて眠りにつくということです。この場合も「奥の心（無意識）」に「怒り」の種を植えることはありません。

最後は「岩に書いた文字」です。

夜寝るときにも、その日の怒りの気持ちを鎮めることができないまま眠りにつきますと、眠っているときは「見える心（顕在意識）」のはたらきが停止しますので、「奥の心（無意識）」の扉が開き、怒りの気持ちはそっくりそのまま蓄積されていきます。

蓄積された「怒りの種」はやがて芽を出し、育っていきますので、ますます怒りを感じるような状況を引き寄せるようになります。

「怒りっぽい人は、年をとるとますます怒りっぽくなる」という現象は、この状態を表しているのです。

「江戸っ子は宵越しの銭は持たぬ」という言葉があります。

自分でも怒りっぽいと思う人は、この言葉をもじって、「私は宵越しの怒りは持たぬ」といつも復唱するようにしましょう。

すぐに怒る心の癖が根付くと、ますます怒りたくなるような状況を引き寄せることになるのが心のメカニズムです。「泣きっ面に蜂」のことわざを思い出してください。泣きべそをかいているとますます泣きたくなるような出来事を引き寄せるという意味でした。

同様に、怒りっぽい人はますます怒りたくなるような出来事を引き寄せることになるのです。

怒るという感情はとくに強いエネルギーを持っていますので、「感情が心を根付かせる」のです。

お釈迦様（ブッダ）の代表的な戒め（禁止事項）をご紹介しました。

次はイエス・キリストの教え（新約聖書）を見てみましょう。

新約聖書もカルマの法則を解き明かした書

古代から現代に至るまでの間に、世界で最も多く発行されてきた書物といえば、文句なしに聖書ということになるでしょう。聖書には旧約聖書と新約聖書がありますが、旧約聖書はユダヤ教とキリスト教で正典とされ、イスラム教にも影響を与えているのに対し、新約聖書はキリスト教だけの正典とされている点が違います。しかしながら、たとえば新約聖書がキリスト教という一宗教団体のために書かれた書物だと思っている人は、その認識を改めていただく必要があります。

正確に言いますと、新約聖書は「イエス・キリストという超能力者が、終末を迎えた人類に対して正しい生き方を伝えた警告の数々を、その弟子（使徒）たちが語り継ぎ、それを後世の信者たちが取りまとめた書物」ということができます。決してひとつの民族やひとつの宗教団体の信者のためだけに編纂されたものではないのです。

さらに踏み込んだ説明をしますと、新約聖書は、仏教の「因果応報の理」とまったく同じ内容の「カルマの法則」を解き明かしている書物といってもよいのです。

新約聖書はほとんどの書店で販売されていますし、ネット上でも全文を読むことができますので、その内容は確かめることができます。いちいち引用箇所は明記しませんが、基本的にはマタイ、マルコ、ルカなどの福音書に書かれているイエス・キリストの教えを中心に引用します。この教えこそ、まさにカルマの諸法則そのものなのです。

ここでひとつお断りがあります。

新約聖書の日本語訳では、イエス・キリストの言葉づかいが非常に尊大に感じられます。これでは「この世では幼子のように自分を低くしなさい」と教えていることにそぐわない気がしますので、私の判断で丁寧な言葉づかいに改めています。

それでは、イエス・キリストの教えに目を通していきましょう。

お釈迦様（ブッダ）の教えと完全にかぶる内容は外して、以下の五項目に絞って私の解釈を述べていきます。

① 人の過ちを許しなさい。
② 自分の善行を人にひけらかしてはいけません。
③ この世での報いを求めず、神の国に富を積みなさい。
④ 人を裁いてはいけません。
⑤ 父と母を敬いなさい。

「許せない!」という対象をつくってはいけない

① 人の過ちを許しなさい。

もしも、あなたがたが、人々のあやまちをゆるすならば、あなたがたの天の父も、あなたがたをゆるして下さるでしょう。もし人をゆるさないならば、あなたがたの父も、あなたがたのあやまちをゆるして下さらないでしょう。（マタイによる福音書）

ここでは、「他人の過ちを許さない人は、自分の過ちも許してもらえない」ということが述べられています。「許さない人は、自分も許されない」というカルマの法則そのものです。

以下、いかに徹底的に人の過ちを許さなければならないかを、イエス・キリストは次のような表現で強調しています。

そのとき、ペテロがイエスのもとにきて言った、「主よ、兄弟がわたしに対して罪を犯した場合、幾たびゆるさねばなりませんか。七たびまでですか」。イエスは彼に言われた、「わたしは七たびまでとは言いません。七たびを七〇倍するまでしなさい」（マタイによる福音書）

イエス・キリストは、他人が自分に犯した罪を「七たびを七〇倍するまで許しなさい」という表現で強調しています。要するに、この世で「許せない！」という対象をつくってはいけないということです。「人を許さない」という「心の癖」はよくないカルマとなって、結局は自らの不幸を招くことになるからです。

自慢はせっかくの善果の貯金を先食いする行為

②　自分の善行を人にひけらかしてはいけません

自分の義を、見られるために人の前で行なわないように、注意しなさい。もし、そうしないと、天にいますあなたの父から報いを受けることがないでしょう。だから、施しをする時には、偽善者たちが人にほめられるため会堂や町の中でするように、自分の前でラッパを吹きならしてはいけません。よく言っておきますが、彼らはその報いを受けてしまっているのです。あなたは施しをする場合、右の手のしていることを左の手に知らせてはいけません。それは、あなたのする施しが隠れているためです。すると、隠れた事を見ておられるあなたの父は、報いてくださるでしょう。（マタイによる福音書）

新約聖書では「自分がまいた種の収穫」のことを「報い」または「報いを受ける」という言葉で表現しています。まさに仏教でいう「因果応報」の「報」に当たる言葉です。

仏教では、「善因善果、悪因悪果」と教えていますが、ここでの「報い」は「善果」の意味に使われています。

義（よき行為）をおこなっても、それが人に見られ、賞讃されることを期待しておこなうと、せっかくまいた種が、本来なら天の蔵に積まれるところなのに、その前にこの世で「報い」を受けてしまうので、天の蔵には何も残らないよ、とイエスは忠告しているのです。この場合の「この世での報い」とは、「他人の賞讃」であったり、賞賛を期待しての「自慢に思う気持ち」

を表しています。

つまり、「自分はいいことをした（している）」と自慢する気持ちは、天の蔵に積むべき善果を先食いしてしまうことになる、ということを言っているのです。「報いを受けてしまう」というのは、そういう意味です。

また、自慢するつもりはなくても、自分がした善行が他人に知られると、それは天の蔵に積まれることにならないのです。そのことを、ここでは「右の手のしていることを左の手に知らせるな」と表現していますが、英文を直訳すると、「あなたが貧しい人に施しをするときは、そのことがあなたの最も親密な友達にも知られないようにしてやりなさい」となっています。おそらくギリシャ語の原文には日本語訳のように「右手」「左手」という表現が使われていたのでしょうが、英語に訳した人はそれを意訳して、よりわかりやすくしたものと思われます。

いずれにしても、カルマの法則（原因と結果の法則）からすれば、自分の善行の「報い」はこの世で受け取らない方がいいのです。何かと自分のことを自慢したがる人には耳の痛い戒めと言えそうですね。

現世利益を追求すると「カルマ貯金」が目減りする

③　この世での報いを求めず、神の国に富を積みなさい

あなたがたは自分のために、虫が食い、さびがつき、また、盗人らが押し入って盗み出すような地上に、宝をたくわえてはなりません。むしろ自分のため、虫も食わさず、さびもつかず、また、盗人らが押し入って盗み出すことのない天に、宝をたくわえなさい。だれも、ふたりの主人に兼ね仕えることはできません。一方を憎んで他方を愛し、あるいは、一方を親しんで他方をうとんじるからです。あなたがたは、神と富とに兼ね仕えることはできません。（マタイによる福音書）

結論から申しますと、この世（三次元の物質世界＝地）での「富」すなわち「現世利益」を追求する人は、神の国（＝天）に富を積むことはできないということです。「人は神と富に兼ね仕えることはできない」からです。

英文では、この部分の「富」は money（お金）と表現して、他の部分の「富 riches」とは

区別しています。

「お金」はこの世でしか通用しない「現世利益」の象徴です。これまで人々は、自分の願いごとや幸せの実現のための手段として、お金を追い求めて来ましたが、あの世（神の国）ではお金は必要とされないのです。

「富んでいるものが神の国にはいるよりは、らくだが針の穴を通る方が、もっとやさしいでしょう」（マタイによる福音書）

ここで「神の国」について説明しておきましょう。

「神の国」とは、終末の大混乱のあとこの地球が次元上昇して生まれる新しい世界のことで、イエス・キリストがそのことを予言しています。その「神の国」には誰もが行けるわけではなく、神の審判によってふるい落とされる人もいるということです。

神に選ばれた人だけが行ける世界――それが「神の国」で、基本的にはこの世での修行が終わり、生まれ変わり（転生）のサイクルから卒業した人が行くことになっています。

新約聖書は、人が選ばれて「神の国」に行くにはどういう生き方をすればよいかということを教えている書と言えます。その内容がまさにカルマの法則（原因と結果の法則）そのものなのです。

さて、イエス・キリストは「富める者が神の国に行くのは、らくだ（駱駝）が針の穴を通るよりも難しい」と強烈なたとえをつかって戒めています。

「富んでいるもの」とは、この世で地位や財産、名誉などの現世利益を手にして「私は成功した」と思っている人のことでしょう。しかしながら、現世利益を追い求め、それを獲得し、満喫している人が「神の国」に入るのはとても難しいということです。

これは決して「持たざる者」を慰めるための言葉ではないのです。まさに「カルマの法則」そのものと言えるでしょう。

この世でいい思いをするということは、せっかくの「カルマ貯金」を食いつぶしていることになるのです。自慢話をすると、心のなかに「どうだ。私はすごいだろう」と誇らしい気分になるでしょうが、そんなことでせっかくの「カルマ貯金」を食いつぶすのはもったいないはずです。

富や名誉を手に入れた人への厳しい戒めとして受け止めておきたいと思います。

人は他人の欠点は見えるが、自分の欠点には気がつかない

④　人を裁いてはいけません

人を裁いてはいけません。自分が裁かれないためです。あなたがたが他の人を裁くその裁き方で、自分も裁かれ、あなたがたの量るそのはかりで、自分にも量り与えられるでしょう。なぜ兄弟の目にある塵《ほこり》を見ながら、自分の目にある塵を認めないのですか。自分の目には丸太があるのに、どうして兄弟に向かって、「あなたの目から塵を取らせてください」と言えるでしょうか。まず自分の目から丸太を取り除きなさい。そうすれば、はっきり見えるようになって、兄弟の目から塵を取り去ることができるでしょう。（マタイによる福音書）

まず、「人を裁く」とは具体的にどういうことでしょうか。それを別な言葉で言うならば「自分の基準で人の言動の善悪を判断して断罪する」ということです。「善（と思う行為）を喜び、悪（と思う行為）を嫌悪する」ということになります。

その結果、その人は「自分が量ったのと同じ秤《はかり》で量り返される」と述べられています。カル

マの循環の法則（ドミノ倒しの法則）です。「人を呪い殺せば自分も死ぬ」という「人を呪えば穴二つ」の原理で、「人を裁けば自分が（同じ基準で）裁かれる」ということです。

では、人を裁かないためにはどうすればよいのでしょうか。人の言動の善悪によって、感情を左右されないということです。そのことを、イエスは「あなたの敵をも愛しなさい」という極端なたとえを使って表現しています。

イエス・キリスト自身、神への祈りのなかで、十字架にかけられた自分を口汚く罵ったり投石したりする群衆のことを、「あの人たちを許してあげてください。自分たちが何をしているかわからない（気の毒な）人たちなのです」と述べ、決して怒ったり憎んだりしていないのです。

イエス・キリストはさらに「兄弟の目にある埃《ほこり》を取ろうと思う前に、自分の目についている丸太を取り除きなさい」と諭しています。

「他人のなかに見える欠点が気になるのは、それは自分のなかに同じ欠点があるからだ」と言いますが、まさにそのことを述べているのです。しかも、他人の目についているのは小さな埃であるのに対して、自分の目についているのは丸太のように大きなものだと述べています。つまり、他人の欠点は小さなものでも気になるが、自分の欠点は非常に大きいものであっても気がつかないものだということをたとえているのです。

他人の欠点を嫌ったり憎んだりして心を曇らせていると、カルマの「収穫の法則（引き寄せの法則）」によって、それと同じ欠点を自分のなかに引き寄せてくることになります。しかも、他人の欠点は「埃」程度なのに、自分が引き寄せた欠点は「丸太」のように大きくなるのです。

イエスが「父と母を愛せよ」と言わず「敬え」とした理由

⑤　父と母を敬いなさい

「父と母を敬いなさい」という内容は一見、平凡な道徳律のように見えます。儒教などでも「親孝行をしなさい」「親を大切にしなさい」と教えているからです。

しかしながら、新約聖書が「父と母を敬いなさい」ということを大事な戒めとして強調していることには深い意味が隠されていることがわかります。

まず注目する必要があるのは、「愛しなさいlove」とせずに「敬いなさい respect」としたのはなぜなのかということです。「神を愛しなさい」「隣人を愛しなさい」というように、他の箇所では「愛しなさい」という表現が使われているのに、「父と母」に関してだけ「敬いなさい」という言葉にして使い分けているのには何か意味があるはずです。

では、まず新約聖書のその部分を見てみましょう。

神は「あなたがたの父と母を敬え」と言われ、「もし父または母を罵る者があれば、その者は死刑に処せられるべきである」と言っておられます。（マタイによる福音書）

イエスは神の言葉として、「父や母を罵る者は死刑に処せられるほど罪が重い」とも述べているのです。「罵る」は英文では「curse」となっています。この言葉は「呪う、罵る」という意味のほかに「不敬な言葉を吐く」という使い方がされますので、単に「父や母に不敬な言葉を吐く」という行動レベルの戒めというよりも「父や母を敬わない」という心のレベルの問題ととらえるべきでしょう。「敬う」べき父や母に対して不敬な言葉を吐くという行為は、戒めに反する行為なので罪が重いということです。

「父や母に不敬な言葉を吐いてはいけない」という行動レベルの戒めであれば、「親を大切にしなさい」という儒教の教えと同じような道徳律になります。しかしながら、新約聖書がここで述べているのはそういう行動レベルのことではなく、「心」に関する問題なのです。ここが重要なポイントです。

そもそも「父や母を大切にしない」ことが死刑に値するほど罪が重いとは考えられません。

単に親孝行を奨励するためであれば、もっと穏やかな表現でもよいはずです。たとえば「父や母を大切にしない人は幸せになれない」といった表現で十分なはずです。

しかも、既に父や母が亡くなった人や、親と離ればなれになって連絡がとれないような人などは、親孝行をしようと思ってもできないわけです。そのように対象とならない人が多く存在することを「永遠の命に入るための大切な戒め」にするとは思えません。

親を通じて魂のグループと波長を合わせること

私は、イエスが「父や母を敬いなさい」という戒めを強調したのは、「父や母と心の波長を合わせなさい」という意味だと解釈しています。肉体的に血のつながりの濃い父や母は、霊的に見てもこの世で最も波長の近い存在です。いわば自分と同じ魂のグループに属している先輩なのです。既に父や母が他界している場合は、父や母は最も身近なご先祖様ということになります。

ですから、「父や母を敬う」ということは、自分の魂の系図に連なる先祖の霊たちを敬うということなのです。私たちの指導役を務めている守護霊も、先祖の霊のなかから選ばれると言われています。

そういう意味では、父や母は（その霊は）、私たちがあの世（霊界）における魂のグループとつながる時の接点ということが言えます。父や母を敬うことで、心の波長が魂のグループと同調しますので、守護霊のはたらきも強化され、邪悪な霊のいたずらなどから守ってもらえるということです。

逆に、あの世（幽界）にたむろする邪悪な霊たちは、魂のグループとの霊的なつながりを弱くしようとしてさまざまな手を使ってきます。親子の断絶が進んだ今日のわが国の社会で、悪質な霊の干渉によると思われる凶悪な犯罪が多発するようになっているのも、多くの人が自らの魂のグループとのつながりを弱くしてしまった結果でしょう。

超能力者のイエス・キリストには、そのような霊界のメカニズムがわかっていたので、人が自らの魂のグループとの霊的つながりを強くするための有効な手段として「父や母を敬いなさい」という戒めを強調したものと思われます。

仏教が生活に根付いているわが国であれば「ご先祖様を敬いなさい」ということになるかもしれません。しかし、普通はご先祖様や守護霊の姿を思い浮かべることはできないので、「父や母を敬いなさい」という表現をつかったのでしょう。父や母であれば、ほとんどの人がいつでも顔を思い浮かべることができるからです。

魂のグループの代表としての父や母を敬う気持ちを強く持てば、その心の波長は守護霊や守護神のところに届き、加護を受けやすくなるということです。「敬う」「感謝する」という心の状態は、その対象と波長を同調させる上で最も効果的なのです。

逆に、そのような魂のグループにつながる父や母を敬わず、逆に呪ったり、罵ったりするようなことがあれば、守護霊や守護神とのつながりも弱くなってしまいます。その結果、邪悪な霊たちの餌食になりやすい状態が生まれるということです。

新約聖書によりますと、イエスの時代には悪霊に取り憑かれた人が非常に多かったのです。イエスは人に取り憑いたよからぬ霊を肉体から追い出しています。その結果、イエスの超能力ぶりが多くの人に知られることになり、イエスの周りに民衆が押し寄せてくることになったのです。

運命の好転現象はいつ、どういう形で始まるのか？

私たちの運命のカギを握るカルマのはたらきについて述べた、世界の二大賢哲の教えをひもといてきました。

改めるべき「身・口・意」があったと思われる方は、今日から早速「運命好転」に向けて一歩を踏み出していただきたいと思います。

さて、では運命の好転現象はいつ、どのような形ではじまるのでしょうか？

「信念の力」や「潜在意識の力」をテーマにしたアメリカ発祥の成功哲学では、願望実現のノウハウをきちんと実行すれば、誰でも素晴らしい成功と繁栄、富を手にすることができると教えています。はたして、誰でも同じように願望が実現し、望むような運命を手にすることができるのでしょうか。

そのことについては、ずばり「ノー」と言わざるを得ません。

「私はこうやって成功した」という自称・成功者による成功哲学は、その教えを実行した人が次々と同じように成功願望を実現したという統計的な裏付けがあるわけではありません。もともとそういうことができるはずがないのです。

その理由は、ちまたにあふれる成功哲学の多くは、カルマの法則（原因と結果の法則）を考慮していないということです。

カルマの内容は人それぞれに違います。

「カルマ貯金」も「カルマ借金」の質も量も違う人が、同じように成功哲学を実行に移したとしても、その結果は違ったものになるはずです。もし、人のカルマの内容に関係なく、誰でも同じように願望をかなえることができる方法があれば、最初に適用すべき人は、病気で苦しんでいる人でしょう。「健康を取り戻したい」という強い願いを持つ人が、「信念の力」や「潜在意識の力」で誰でも健康になれるのであれば、今日のような近代的な病院は必要なくなるでしょう。

不運に思うことが起こりはじめたら運命好転がはじまっている

「それなら、運命好転の取り組みをしても意味がないのか」と思われるかも知れません。それに対する答えも「ノー」です。ここでご紹介した世界の二大賢哲の教えは、まさにカルマの法則（原因と結果の法則）そのものだと申し上げました。

「運命好転」のためにはよくないカルマを清算し、またこれからよくないカルマをつくらないための「身・口・意」の使い方を習得することが大切なのです。

よくないカルマの清算が進むにつれて、運命好転はかならず起こりますが、最初のうちは逆に「運命悪化」とも思える出来事が起こります。

それは、よどんでいた「カルマ池」にきれいな水が湧き出してくるようになったため、沈殿していた汚物（カルマ借金）が浮き上がって流れていくというイメージです。沈殿した「カルマ借金」が流れ出してしまうまでは、むしろ不運と思えることが起こる可能性があります。

これは「ケミカライゼーション」と呼ばれる現象で、病気の人の症状が悪化したあとに、一気に好転するということなどを表現しています。

人の運命の場合も、よくなる前に一時的に悪化することはよくあるのです。それは、まさに「カルマ借金」の清算がはじまったことを意味します。出口のなかった池から濁り水が流れ出すようになったということで、ここで心を暗くしてはいけないのです。

「夜明け前が一番暗い」ということわざもそのことを述べています。

「カルマ借金」をそのまま放置していれば、「カルマ池」の底にヘドロのように堆積し、いつの日かこの世で現象化するときはとてつもなく厳しい運命として降りかかっていたことでしょう。それが流れ出していくのですから喜ぶべきことなのです。

このときに、ほとんどの人は動揺して、新たな「よくないカルマ」の種を「奥の心（無意識）」にまいてしまうのです。

そうならないために、次の言葉を心にとどめておいてください。

「不運に思うことが起こりはじめたときが、運命好転がはじまったとき」

第６章　実践編

——運命好転の第一歩は「小さな実践」の徹底から

「心の癖」の修正は、文字の書き癖を直すのに似ている

ベストセラーとなった『原因と結果の法則』の著者で知られるジェームズ・アレンが、「心の癖」の矯正方法を説明するときによく「子供が文字を覚えること」にたとえています。大変参考になる説明です。

しかし、はじめて文字を覚える子供と、すでに文字の書き癖がついてしまった大人では、正しい書き癖を覚える上で少し違いがあります。当然、白紙の段階から覚える子供の方が有利です。

ここでは、はじめて文字を覚える子供ではなく、すでに自己流の文字の書き方が身についてしまった人が、「書道の達人」を目指して新しい文字の書き方を実践することにたとえて考えてみます。

筆の持ち方や文字の形、筆順など、すでに自己流が身についてしまった人が、その自己流の書き方を改めて正しい書き方を実践するのは大変です。ついつい自分の書き癖が出てしまうからです。

文字の書き癖は「奥の心（無意識）」に植え付けられた「心の癖」ですから、しっかり意識して書かないと、すぐに書きなれた古い書き癖で書いてしまうものです。

一度根付いてしまった「心の癖」を変えるのがいかに大変であるかは、この文字の例を参考にしていただけばよくわかると思います。

心の使い方も文字の場合とまったく同じです。長年の間に身についた「心の癖」を変えるのは容易ではありません。

それでも、何回も正しい使い方を繰り返すことで、よくない「心の癖」を正しい「心の癖」に変えていくことができます。

正しい「心の癖」を修得する上で大切なのは次の二点です。

①「正しい心の習慣を根付かせる」という固い意志を持つ。
②基本に忠実に日々の実践を続ける。

決意するとかならず邪魔が入る――「好事魔多し」

楽なこと、好きなこと、目先の得になること、などをはじめようとすると、意外と順調に環境や条件が整うものです。

一方、正しいと思うことをやろうとしたり、よくない癖を改めようとすると、逆にいろいろと邪魔が入って断念してしまうことがあります。

「甘い物を食べ過ぎると体によくない」からと、一大決心して食べないようにすると、家族の誰かが、大好きなケーキやお菓子類を買ってきて一緒に食べざるを得なくなったり、親しい友達からお茶に誘われてケーキを注文する羽目になるなど、とにかく、甘い物を食べる機会が次々と訪れるのです。

このことを昔の人は「好事魔多し」と表現して注意を呼びかけています。「好事」とは「よいおこない」のことです。私たちが決意してよいおこないをしようとすると、それをやめさせようとするさまざまな誘惑が起こることを表現しています。

「魔」を文字通り「悪魔」と解釈すれば、これは「悪魔の誘惑」と呼ぶべきかもしれません。人がよいことをするのを好ましく思わない悪魔が、決意を翻すように巧妙にはたらきかけてくるのです。

しかし、実はこれは「悪魔の誘惑」ととらえるよりも、むしろ「神様のテスト」と解釈するほうが正しいのです。人が決意したことをきちんと守れるかどうかが試されているのです。

それは、ちょうど親が子供の成長ぶりを確認するために、あえて楽な道に誘って試しているようなものです。決して悪意からではなく、誘惑に負けない人に育てるための試練を提供しているのです。

誘惑に負けて、「日記をつける」という決意を一カ月も経たないうちに翻した人や、禁煙や禁酒に失敗した人をたくさん知っています。

このように、短期間で決意を翻した人のことを、周りの人は「三日坊主」と茶化したものです。

悪魔が巧妙に誘惑してくる

よい心の習慣づくりにチャレンジした人が「三日坊主」にならないように、「悪魔の誘惑（神様のテスト）」の代表的なものをご紹介しておきましょう。

次のような考えが心をよぎる時は、「これが悪魔の誘惑だな」とにんまりと受け止めて、ただちに却下してください。そのときは悪魔を憎むのではなく、「私の決意は固いのであなたの誘惑には乗りませんよ」と優しく宣告してください。

繰り返し宣告していると、悪魔も最後はあきらめてしまいます。

その時は、よい習慣が根付きはじめていると思って間違いありません。これ以上誘惑しても無理だとわかったら、悪魔は退散するのです。それを高い位置から見ている神様は、にんまりとほほえんでおられることでしょう。

◆代表的な「悪魔の誘惑」の例

「年をとってからはじめても無理だ」

「ほかの人は誰もやっていないではないか」

「もっとほかにやらないといけないことがあるはずだ」

「このやり方で間違いないのか」

「何も効果はないではないか」

——などなどです。

よい心の習慣づくりのための二つの実践課題

本章では、「よい心の習慣づくりのための実践課題」を次の二点に絞りました。

「神が仕組む心のメカニズム」と、カルマの法則に照らしてみて、これからのあなたの人生を今よりも実り多いものにするためにかならずプラスになる内容です。

この二点をマスターできれば、その次のステップは自ずとわかってくるはずです。まずはこれらをしっかりとやりきって習慣にしてしまうことが大切です。

★①「挨拶名人」を目指しましょう。
——いつも、誰に対しても気持ちのよい挨拶のできる人になる。

★②　感謝行を極めましょう。
――感謝の気持ちをきちんと表現できる人になる。

それでは、二つの実践課題の内容と取り組み方について説明します。

挨拶は何のためにするのか

★①「挨拶名人」を目指しましょう。
――いつも、誰に対しても気持ちのよい挨拶のできる人になる。

「良い心の習慣づくりのための実践課題」の最初のテーマは「挨拶」です。「挨拶はいつもちゃんとやっている」と思う人が多いかも知れませんが、きちんとした挨拶ができている人は意外と少ないものです。「気持ちのよい挨拶」とはどういうことでしょうか。そのために、まず「挨拶は何のためにするのか」と自問してみてください。すぐに答えが出てきますか？

私たちは子供のころから「挨拶をしなさい」と親や学校の先生、先輩などから教えられてきました。しかし、挨拶をする理由や目的について深く考えたことのない人が多いはずです。

「みんながしているから」というのは答えになりません。行為にはすべて理由や動機（目的）があります。挨拶をする目的は何でしょうか？

「挨拶することによって、自分に対して好い印象を持ってもらう」ことが目的の一つではあります。

しかし、その目的を意識しないまま形式的におこなっている挨拶は、目的を達成しているとは言えないでしょう。

挨拶が人間関係を悪くする場合もある

挨拶の目的は「人間関係をよくするため」でもあります。

しかし、挨拶が人間関係を悪くするケースもあるのです。

もし、あなたが挨拶しても相手の人がまったく反応しないか、ぞんざいな挨拶で返してきた場合を考えてみましょう。

その原因は大きくは三つ考えられます。

ひとつは、あなたの挨拶がそれほど好感を持って受け止められなかったためです。二つ目は、これが最も可能性が高いと考えられますが、その人があなたのことをそれほど重要な存在と思っていないためです。

つまり、きちんとした挨拶を返さなくてもすむ程度の人だとみられているからでしょう。

最後は、その人が挨拶が下手な人で、自分ではちゃんと挨拶を返したつもりでいるケースです。これも意外と多いのです。

しかし、もしあなたの社会的地位が、相手の人から見てずいぶんと高ければ、あなたの挨拶には丁寧な挨拶で返してくるでしょう。もちろんその場合は、あなたに挨拶したというよりも、あなたの背中に乗っている立派な「肩書き」に対して挨拶をしていることになりますが。

「肩書き」や「経済力」「有名度」などに挨拶をするタイプの人は、相手次第で挨拶の仕方を変えます。自分より立場が上の人、たとえば上司や、重要な取引先の偉い人に対しては、慇懃な挨拶をするでしょう。一方、自分の部下や、取引先でもこちらが強い立場の関係であれば、挨拶の仕方も「上から目線」になります。人によって使い分けるのです。

こういう人は「世渡り上手」という意味では「挨拶の名人」と言えるかも知れませんが、ここでいう「挨拶名人」はそういう意味ではありません。むしろその逆です。

「相手によって挨拶のスタイルを変えないこと」が「挨拶名人」の必要条件なのです。

挨拶の目的は「相手を気持ちよくすること」

カルマの法則の視点からは、挨拶の目的は「自分のために」ではなく「相手のために」と考えるほうが正しいのです。「よい印象を持ってもらう」というのは結果であって、目的は「相手を気持ちよくすること」なのです。

つまり、「よい印象を持ってもらうために挨拶をする」のでなく、「相手を気持ちよくするために挨拶をする」ということです。

ですから、「きちんとした挨拶」とは、「相手が気持ちよく感じる挨拶」ということになります。

自分の社会的地位や年齢差などを意識して、わざと尊大な態度で挨拶をする人がいますが、それは挨拶の目的に反する効果しか得られないでしょう。挨拶された側が卑屈になったり、反発を感じるような挨拶はよくないカルマをつくることになってしまうからです。親子や兄弟姉妹のように親密な関係の場合を除けば、挨拶は社会的地位や年齢差などを意識して使い分けるのでなく、誰に対しても丁寧な言葉と態度でするほうがよいのです。自分の立場や地位を意識しない（鼻にかけない）人が、魂が磨かれ、進化した人ということになります。人間的に立派な人ほど謙虚なのです。

◆「挨拶名人」の定義

① いつも、相手が気持ちよいと感じる挨拶を心がけている。
② 挨拶をした相手の反応によって心が動揺することがない。

相手が気持ちよく感じる（と思う）挨拶をしても、相手がそれに対して同じように気持ちのよい挨拶を返してくるとは限りません。長年にわたって「挨拶名人」になろうと努力してきた私の経験からすれば、その逆の場合も少なくないのです。

たとえば次のような反応があると、一瞬こちらが心を込めて挨拶したことを後悔したくなるものです。

① 完全に無視され、挨拶が返ってこない。
② 気のないテキトーな挨拶が返ってくる。

たとえば、こちらの「おはようございます」に対して、小声で「ああ」とか「おう」といった挨拶を返してくる人がいます。こんな時、昔の私は「あなたは挨拶の仕方も知らないのかい？」と、つい舌打ちをしそうになったものです。

でも、挨拶名人はそのような考え方をしてはいけないのです。「自分の挨拶で気持ちよく感じてもらえたかどうか」ということだけが大事だからです。

ですから、むしろ「こちらの挨拶の仕方がよくなかったのだろうか」と考え、挨拶の仕方に磨きをかけるようにつとめるのです。

これが、「与えたものが返ってくる」というカルマの循環の法則（ドミノ倒しの法則）の視点からの挨拶の極意です。相手の反応を不愉快に思ったり、腹を立てたりしている段階はまだ、よくないカルマをつくる「心の癖」が残っていると考える必要があります。

形式的でない、心をこめた挨拶の仕方は奥が深いのです。

あなたもぜひ、くじけることなく、三日坊主になることなく、「挨拶名人」を目指して実践を続けてください。

最後に、相手を幸せな気分にするために必要な挨拶の要点を標語にしましたのでご紹介します。

あいさつは　大きな声で　自分から　相手の目を見て　にっこりと

少し解説をしておきます。

◆「大きな声で」というのは「大声で」ということではなく「相手にちゃんと聞こえる声で」という意味です。人によっては挨拶の声が口ごもったり、小声のためほとんど聞き取れない場合があります。声が聞こえないと、挨拶をしていないように受け取られるかもしれません。それでは挨拶をした意味がありませんので、相手に聞こえる声ですることが大切です。

◆「自分から」というのは、相手の人から挨拶をされる前にこちらからするように心がけたほうが相手を気持ちよくすることができるからです。

◆「相手の目を見て」は、「顔を相手の方に向けて」ということです。できれば「目線を合わせる」ことが大切です。

こちらが挨拶をしても、横を向いたまま声だけを返してくる人もいますが、形式的に挨拶を返してきたように感じられて気持ちのよいものではありません。

◆最後の「にっこりと」までできるようになれば完璧です。

日頃から笑顔をつくる習慣の少ない人は、歳を取ると笑顔がつくれなくなります。「無表情」あるいは「仏頂面」が「奥の心（無意識）」に深く刻まれるからです。それでも無理に笑顔をつくろうとすると顔の筋肉が引きつるのです。ここでも「使わない機能は劣化する」という「心」の習性を肝に銘じておきましょう。

若い人でも最近は無表情な人を結構見かけるようになりましたが、昔から「笑う門には福来たる」と言われているように、「にっこり癖」は非常に大切です。自分の顔を鏡で見て、笑顔をつくる練習をしてください。

人を幸せな気分にすれば、その人がまた周りの人に幸せな気分を広げていく、というのがカルマの循環の法則（ドミノ倒しの法則）です。それは「ドミノ倒し」のように次々と他の人に伝播していき、やがては自分を「幸せな気分」にしてくれる出来事として返ってきます。「情けは人のためならず」ということわざをまねれば、「気持ちのいい挨拶は人のためならず」と言えるでしょう。当然、逆効果の挨拶をすれば、その逆の結果が自分のところに返ってくることになります。ただし、自分に幸せが返ってくることを期待しての挨拶は「動機が不純」ということになりますので、「人を幸せな気分にすることが幸せ」と考える「心の癖」をつけたいものです。

挨拶をする対象がいない人の挨拶訓練法

最後に、人との出会いが少ないため、挨拶をする相手がいないか、あっても限定された少数の人だけという人の挨拶の訓練法をご紹介しておきます。

① 仏壇、神棚に向かって、心を込めた挨拶をする、

位牌や遺影があれば、それに話しかける。

② 仏壇や神棚のない家庭では、トイレに向かって心を込めた挨拶をする。

トイレのなかであればほかの人に見られる心配はありませんから、便器に向かって笑顔で挨拶をしても、どこかに通報される心配はないでしょう。思いっきり気持ちのよい挨拶をしてください。「トイレも喜んでくれている」と思いながら実践することが大切です。

私ですか？　もちろん、長年にわたって実行していますよ。トイレさんとは大の仲良しです。おっと、どうか引かないでくださいね。

誰に（何に）感謝するのか？　なぜ感謝するのか？

★②　感謝行を極めましょう。
　――感謝の気持ちをきちんと表現できる人になる。


「よい心の習慣づくりのための実践課題」の二つ目のテーマは「感謝」です。

「感謝行」と聞くと「ありがとう」を何千回も、何万回も唱えることだと考える人がいるかもしれませんが、ここで言う「感謝行」はそういう意味ではありません。

　確かに「ありがとう」という言葉を何万回も唱えるというのは、「奥の心（無意識）」に感謝の気持ちを植え付ける有効な手段ではあります。神が仕組む心のメカニズム（か・み・か・し・く・む）から見ると次の三点が該当します。

①【か】形にする。↓　感謝の気持ちを「ありがとう」という言葉にする。

⑤【く】繰り返す。↓　その言葉を何千回、何万回も繰り返す。
⑥【む】夢中になる。↓　ただ「ありがとう」の言葉だけに集中する。

実は、これは宗教が取り入れている方式です。信者の人たちがお経や祈りの言葉などのマントラを一心に唱えると、マントラの持つ効果が高められて不思議現象が起こったり、御利益があると信じられています。

そのお経や祈りの言葉の代わりに「ありがとう」という言葉を活用する方法で、ほとんどの場合は唱える人自身の幸せを願っての手法と言えるでしょう。世界の平和を祈るという考え方もありますが、それはここでいう感謝行とは意味が違います。

ここでの「感謝行」とは、次の二点を意識して感謝の気持ちを表現することを大切にします。

①　誰に（何に）感謝するのか？（感謝の対象）
②　なぜ感謝するのか？（感謝する理由）

「とにかく感謝の気持ちを形にすればよい」というのでなく、「何に感謝するのか」「なぜ感謝するのか」を自覚していることが大切なのです。

そうでないと、自分が幸せであれば、その幸せをもたらしてくれているものがなんであろうと（誰であろうと）関係ない、という心の姿勢になってしまいます。

「いまなくなったら困るもの」が感謝の対象

それでは、いまあなたが感謝しているもの、あるいは感謝しなくてはいけないと思うものをあげてみてください。人でも物でも、あるいは過去の出来事でもかまいません。

それが次々と口をついて出てくる人は、感謝行の中級クラスと言ってよいでしょう。二つか三つでとどまってしまい、あとがなかなか思いつかないという人は……入門コースからということになりますね。

ヒントを差し上げましょう。

いまそれがなくなったら困るものを思い浮かべてください。

「物」ということであれば、まず住む家や家財道具があげられると思います。平和な日本にいるとピンと来ないかもしれませんが、内乱のため国を捨てて難民となった人たちは、難民キャンプの狭いテントのなかで、十分な生活スペースもなく、家族が身を寄せ合って暮らしていると報道されています。

水道や調理設備などの生活環境がないなかで、ボランティアの人たちから支給される冷たい食べ物で命をつないでいる状態なのです。

それに比べると、平和な日本に住む私たちは、本当に恵まれた、幸せな生活環境のもとで暮らしていることがわかります。

これだけのヒントで、もう感謝の対象は次々と出てくるはずです。

水道が止まって一番困るのがトイレの排水

普通、私たちは人やモノを失ったときにはじめてその価値に気づきます。

私自身は阪神淡路大震災の被災者の一人ですが、あの地震で被災した人たちの多くが真っ先に感謝の気持ちを述べた対象は「水」でした。

地震などの大災害を経験したことのない人は、「水」と言えば「飲み水」のことだと考えるでしょう。確かに、飲み水が手に入らない事態も一時的には訪れますが、最近ではいたるところにコンビニがあり、自販機も設置されていますので、飲み水は比較的早く手に入れることができます。

阪神淡路大震災の時に、水道が止まって一番困ったのはトイレの排水ができないことでした。飲み水はすぐに近隣の府県から水タンクやペットボトルで差し入れがありましたので水道の復旧まで困ることはありませんでしたが、トイレの水はどうすることもできません。私は当時の勤務先の職場に寝泊まりしている間、同僚と一緒に近くの川に行って、橋の上からロープで結んだバケツを投げて水をくみ上げ、大きな水タンクにためてひしゃくで利用したものです。

また、風呂に入ることができないのも、大変つらいことでした。震災後の瓦礫の間を行き来してホコリまみれになっているのに、体の汗も流すことができない日々が続いたのです。久しぶりに家の風呂に入ることができたときの感動は忘れることができません。

このように、「水」と一口に言っても、水の利用のされ方はいろいろですから、感謝の対象は次々と広がっていきます。

そして、その一つひとつが失われたとき、はじめてその価値の大きさに気がつくのです。

ですから、感謝行の中級コースに進むには、まず「あるのが当然」と考えるもの、あるいは「その人がいて当たり前」と思う人の価値に気づき、感謝の気持ちを表現していく必要があります。失ってから感謝の対象に気づくのでは、感謝行を極めることはできないでしょう。

「ありがたい」と思う理由を見つけられることが大切

気づかないといけない二つ目は、その人、あるいはその物の、どういう役割や機能があなたに必要なのかということを認識することです。

ここでも「水」を例にとって考えてみましょう。

私たちの生活を支えている「水」の機能はたくさんあります。代表的なものとして次のようなものがあげられます。

渇《かわ》きを癒やしてくれる。

体を温め、また清潔にしてくれる。

身につける衣服を清潔にしてくれる。

自分の排泄した汚物をきれいに処理してくれる。

庭やベランダの植物を育てるはたらきをしてくれる。

……

ですから、「水さん、ありがとう」とひとまとめにお礼を言うのでなく、その機能《はたらき》ごとに感謝の気持ちを表現することが上級コースへ進む要件となります。

もちろん、周りに人がいれば、言葉に出さず、心のなかでのささやきでも十分です。

「水さん、庭の木を育ててくれてありがとう」
「トイレさん、私の排泄物を処理してくれてありがとう」
「洗濯機さん、私の服の汚れを落としてくれてありがとう」
「お風呂さん、私の体をきれいにしてくれてありがとう」
「水さん、美味しかったよ、ありがとう」

――というように。

同じように、私たちは自分の肉体の機能《はたらき》にも、普段からしっかり感謝する必要があります。その肉体のはたらきを損なったり、失ったりしてはじめて価値に気がつくのでは遅いのです。

この場合も、「私の体さん、ありがとう」とひとまとめに言うのでなく、部品的にはたらいてくれている目や耳、口、手足、内臓など、肉体の諸機能の一つひとつに感謝の言葉を述べることが大切です。

そうやって感謝の対象を一つひとつ認識しなおしていると、私たちがいかに感謝すべきものに恵まれ、支えられているかということがわかり、ますます感謝の気持ちが強くなっていきます。「よく使う機能は磨かれる」という心の習性が身につくからです。

その結果、今まではどちらかと言えば「不満の対象」だった人やモノまでが、逆に感謝しなくてはいけない対象であることに気づきはじめるようになります。

この段階が「感謝行を極めた」と言える段階です。つまり、不満に思う物や人がなくなるという状態です。

こうして、いったん感謝癖が身につくと、つぎつぎと感謝の対象が見えてくるようになります。その結果、次のような余徳が身につくことでしょう。

①　不満な気持ちがなくなる。
②　腹の立つことがなくなる。
③　恨んでいた人を許せるようになる。
④　他人の欠点よりも長所（自分にとってありがたい面）が見えるようになる。

以上、「よい心の習慣づくり」の実践項目として大切なことを説明してきました。

あなたが最後まで読み進めてくださったことに感謝します。

そして、どうか途中で断念されることのないように、いつも口ずさんでいただきたい一言を申し上げてこの章を閉じたいと思います。


「三日坊主はみっともない」

「三日坊主はみっともない」

「三日坊主はみっともない」


三唱しました。

好ましい「心の癖」をつけるための必須要件と思ってください。

あとがき

本書では、今日社会問題となっているいじめの問題と、そのいじめを苦にした子供の自殺の問題をカルマの視点からとりあげました。いじめの問題は道徳律としてとらえても解決しないでしょう。いじめの当事者に道徳を守る視点はないと思われるからです。

「弱い者をいじめてはいけない」という気風はわが国の美徳と言われてきましたが、いまでは家庭から学校、職場に至るまで、腕力や権力を利用したいじめが蔓延していると言ってもよいでしょう。

その社会風潮を助長しているのがマスコミです。

発行部数の減少傾向に頭を痛めている大新聞と著名週刊誌、視聴率が広告収入に直結するテレビ局が、読者や視聴者の反応が大きいということで、スキャンダル暴きという形で政治家や、芸能人、スポーツ選手などの有名人に対する個人攻撃に走っています。

その姿は、自分は安全な川岸に立って、「正義」という仮面をつけ、川を泳いでいる人（日々の仕事に追われている人）に石を投げつけているかのようです。

これこそ、誰からも反撃されることのない悪質な「弱い者いじめ」と言うべきです。

このような報道の関係者は大変よくないカルマを背負うことになりますが、問題は、マスコミの影響力の大きさから、日本人の「みんなの心（集合的無意識）」によくないカルマを育てていることです。

読者や視聴者がマスコミの報道に歩調を合わせて「そうだ、そうだ」と糾弾する気持ちになれば、みんなの心（集合的無意識）に「いじめ癖」が根付き、強化されていきます。

その結果、いじめが社会に蔓延するという悪循環になるのです。

当然、マスコミの「いじめ報道」と心の波長を合わせた人は、よくないカルマのお裾分けをいただくことになりますので要注意です。「みんなで渡れば恐くない」ということはありません。お返しは寸分も違わず関係したすべての人に、その関係の程度に応じて返ってくるのです。

なかでも「みんなの心（集合的無意識）」への影響力という点からは、今日ではテレビに勝る媒体はないでしょう。

優れた番組もたくさんありますが、ニュースを取り扱う番組はどちらかと言えば犯罪や事故、有名人のスキャンダルなど、社会の暗いニュースを定番としていて、見る人の奥の心（無意識）に恐怖心や不安、悲しみ、怒りなどのよくないカルマの種を育てる報道傾向が強くなっていきます。

もともとテレビは「愚民化の道具」だと警鐘を鳴らす声もありますが、カルマの収穫の法則

（引き寄せの法則）の視点からも、君子危うきに近寄らずです。だらだら視聴、でもしか視聴はやめるほうがよいでしょう。

◎参考文献

『宇宙からの帰還』（立花隆著／中央公論社）
『仏教聖典』（仏教伝道協会）
『空間からの物質化』（ジョン・ダビッドソン著／梶野修平訳／たま出版）
『こうして思考は現実になる』（バム・クラフト著／桜田直美訳／サンマーク出版）
『エドガー・ケイシー１９９８最終シナリオ』（カーク・ネルソン著／光田秀訳／たま出版）
『幸運と成功の軌跡』（ジェームズ・アレン著／菅靖彦訳／ソフトバンク・パブリッシング）
『チベットの生と死の書』（ソギャル・リンポチェ著／大迫正弘、三浦順子訳／講談社）
『死後の世界からの声（メッセージ）』（メアリー・T・ブラウン著／大野晶子訳／同朋舎出版）
『七つのチャクラ』（キャロライン・メイス著／川勝勝訳／サンマーク文庫）
『古代霊は語る』（近藤千雄訳編／潮文社）
『「死ぬ瞬間」と死後の生』（E・キューブラー・ロス著／鈴木晶訳／中央公論新社）
『ホログラフィック・ユニヴァース』（マイケル・タルボット著／川勝勝訳／春秋社）
『コナン・ドイルの心霊学』（コナン・ドイル著／近藤千雄訳／新潮社）
『コナン・ドイル人類へのスーパーメッセージ』（アイヴァン・クック編／大内博訳／講談社）

『死後の世界が教える「人生はなんのためにあるのか」』(マイケル・ニュートン著/澤西康志訳/VOICE)
『新約聖書(和英対照)』(日本聖書協会)

著者紹介

なわ　ふみひと

1946年生まれ。生活協同組合に44年間勤務のあと2013年に退職。1976年、長男が生後６カ月で病死したことを契機に、仏教書や聖書、予言書、精神世界の本に関心を持つようになり、特にカルマの法則に関する本を多読する。それらの研究をもとに執筆した『2012年の黙示録』『日本沈没最終シナリオ』に続く三作目の本書は、著者の研究の集大成を盛り込んだライフワークと位置づけている。2003年に立ち上げた著者HP「2012年の黙示録」は現在も日々更新中。

心のクセが人生をつくる

2019年９月21日　初版第１刷発行

著　者　なわ ふみひと
発行者　韮澤 潤一郎
発行所　株式会社 たま出版
〒160-0004 東京都新宿区四谷4－28－20
☎ 03-5369-3051（代表）
http://tamabook.com
振替　00130-5-94804
印刷所　株式会社 エーヴィスシステムズ
組　版　一企画

ISBN978-4-8127-0434-9　C0011